ヒトは「いじめ」をやめられない

中野信子
Nakano Nobuko

小学館新書

ヒトは「いじめ」をやめられない

目次

第四章●いじめの回避策

構成　出浦文絵
校正　目原小百合
イラスト　川野郁代
DTP　昭和ブライト
編集　塚本英司

はじめに

『イソップ物語』に、子どもたちにいじめられるカエルの話があります。子どもたちはおもしろがってどんどん池のカエルに石をぶつけます。カエルはそれに対して、「石を投げるのだけはやめてください」と言うのですが、子どもたちは、「僕たちは何も悪いことをしていない。ただ石を投げて遊んでいるだけだ」と答えるのです。カエルは、「みなさんが遊び半分で投げる石で、私たちは命に関わるようなひどい目に遭うのです」と抗弁します。しかし、いじめている当事者には、自分たちのしていることが、いじめられている側にとっては死にたくなるようなことだということがわからないのです。

「いじめを根絶しよう」といった理想はこれまで長く語られてきました。また、文部科学省の指導により、学校でもいじめをなくすためのさまざまな方策が講じられています。

しかしながら、毎月のようにいじめに苦しみ、自死を選ぶ子どもたちの悲しいニュースが報道されています。

こうした報道を見るたびに、教育の現場で、子どもたちと対峙する学校関係者の中で、「いじめは根絶できる」と自信を持って言える人はどれくらいいるのだろうと疑問に思うことがあります。

もしかしたら「いじめを根絶しよう」という目標そのものが、問題への道を複雑にさせているのではないでしょうか。「いじめは『あってはならない』ものだ」と考えることが、その本質から目をそらす原因になってしまっているのではないでしょうか。

いじめの現状対策に違和感や矛盾を感じているのは、恐らく私だけではないでしょう。「いじめを許さない学校」をスローガンに掲げつつ、学校や教育委員会では、いじめが自死につながるような重大事態が起こっても、被害者の気持ちに寄り添うどころか、なかなかいじめを認知できない。被害者が自殺という最悪の結末を選んでしまっても、加害者グループは反省するどころか、堂々と学校生活を送り、次のいじめの対象となる児童・生徒を探して再びいじめが起こってしまい、その流れは止まることがない……。

みなさんの周りではどうでしょうか。

近年のいじめでは、LINEや、ツイッターといったSNSというツールによって、極めて簡単に誰かを非難し、攻撃できるようになりました。

「そんなツールがなかった時代はよかった」と思われる方もいるかもしれません。しかし、惨たらしいいじめやリンチ事件は、こうしたツールが登場してくる以前にも頻発していました。

またいじめは、子どもの世界だけでなく、大人の世界にもあります。そして、時代や国を問わずどこにでも存在します。

昔から日本には凄絶な「村八分」があり、クー・クラックス・クラン（KKK）にしても、ネオナチにしても、『正義』の名の下に、時には対象者が死に至るほどの過激な制裁・排除行動が行われてきました。いじめは学校だけでなく、企業やママ友グループ、スポーツチーム、地域コミュニティなど、集団の中では必ず起こりうる現象です。

近年、こうした人間集団における複雑かつ不可解な行動を、科学の視点で解き明かそうとする研究が世界中で進められています。

その中でわかってきたことは、実は**社会的排除は、人間という生物種が、生存率を高めるために、進化の過程で身につけた「機能」**なのではないかということです。

つまり、**人間社会において、どんな集団においても、排除行動や制裁行動がなくならないのは、そこに何かしらの必要性や快感があるから、**ということです。

本気でいじめを防止しようと考えるのであれば、「いじめが止まないのは、いじめが『やめられないほど楽しい』ものだからなのではないか」という、考えたくもないような可能性を、あえて吟味してみる必要があるのではないでしょうか。

例えば、子どものいじめを回避するためには、「相手の気持ちを考える」「相手の立場になって考える」といった指導では不十分であったことは、私が指摘するまでもないでしょう。

これは、いくら**「相手の気持ちを考えましょう」と教え諭したところで、子どもの脳は「共感」の機能が未発達**であるからです。「共感」の機能はじっくり育てていくことが大切なのですが、いじめを回避したい場合には間に合いません。

とくに子ども時代は、**「誰かをいじめると楽しい」という脳内麻薬に対して、共感というブレーキは働かないため、これを止めるには「自分が相手を攻撃すると自分が損をする」というシステムが必要です。**しかし、現状の学校現場では、誰も見ていないところで相手を攻撃すれば自分が損をすることはない。つまり、「賢く相手を攻撃したもの勝ち」という構造ができあがってしまっているのです。

本書は、いじめが起こるメカニズムについて脳科学的観点から解説します。さらに、人間の生物学的な本質を見つめながら、「子どものいじめ」「大人のいじめ」それぞれについての対応策を考えます。

脳の性質やいじめという行動について科学的理解が深まることで、より有効なアプローチを切り出すことができ、一人でも多くの人に救いや展望が生まれることを願っています。

第一章

いじめの快感

～機能的・歴史的観点から考える～

第一節　いじめのメカニズム

いじめは種を残すため、脳に組み込まれた機能

なぜいじめは起こるのでしょうか。なぜ人は人をいじめてしまうのでしょうか。これは、脳科学をはじめとした複数の学問領域からの知見も、いじめに代表される社会的排除行為が、ヒトの種としての存続を有利にしたことを示唆しています。これは「利他的懲罰」と呼ばれ、規範を維持したい、逸脱者に苦しみを与えたい、という二種の動機に裏打ちされます。

ヒトの肉体は、他の動物と比べ、非常に脆弱です。ライオンやトラのような猛獣と戦って勝てる人はほとんどいませんし、逃げ足も遅く、容易に捕まってすぐに餌になってしまう。そんな弱者であるヒトが、これまで生存するための武器として使っていたものは何か、それが「集団を作ること」です。

もちろん身を守るためや、猛獣と戦うために道具も使いますが、子どもや子どもを抱えたメスは、道具を使っても単独では猛獣との戦いには勝てる見込みが薄いでしょう。集団を作るという行為も、多くの動物が生存戦略として群れを作って行動しているわけですが、ヒトの場合は、この「集団」において、「高度な社会性」を持っていたことが、種として発展する根源にあったことだろうという考え方があります。

例えば、群れで組織的に狩りをする動物はいますが、数百、数千、時には数万の個体が集団となって、何年も費やさなければ遂行できない複雑な目標や計画を実行するということは、人間だけができることでしょう。

なぜそう言えるのかというと、進化の系統を辿ると、現在生き残ったヒト属は、現生人類のホモ・サピエンスです。ホモ・ネアンデルターレンシスも、ホモ・ハビリスも、種としては生き延びることができませんでした。

彼らの頭蓋骨と現生人類の頭蓋骨を比べたとき、最も違う場所はどこかというと、前頭葉の大きさです。脳全体の大きさは、ホモ・ネアンデルターレンシスのほうが若干大きいのですが、前頭葉はホモ・サピエンスのほうが大きく、特に前頭葉の前側の領域、前頭前皮質といわれる部分が、大きく発達しているのです。

前頭前皮質は、

・思考
・共感
・創造
・計画
・行動
・意思
・自制

といった込み入った社会行動に必要な機能を司っている領域で、「社会脳」とも呼ばれることがあります。私たちが他の動物と異なり、複雑な計画や目標に向かって意志力を持って行動したり、他人に共感したり、危険を予知して行動を自制するといった、「人間らしい社会的活動」ができるのは、この領域の働きによるものなのです。

戦闘的には圧倒的に不利な肉体を持つ現生人類にとっては、この社会脳の働きが、種として生き残るために非常に重要な意味を持っていたと考えられます。

つまり社会脳とは、集団での協力行動を促進する機能という形で発達してきた脳機能領域であることが示唆されるわけです。

集団にとって制裁行動は必要な行為だった

では、種を残すために、社会的集団を作り、協力的行動をとってきたヒトにとって、最も脅威となるものは何でしょうか。

集団を脅かす「敵」もしくは「敵になりそうな他の集団」でしょうか。しかし、「敵」や「他の集団」は、共同体にとっては、危険な存在であると同時に、共同体を強くしてくれる存在でもあるのです。なぜなら、自分たちを襲ってくるかもしれない敵がいることで、お互いに協力して自分たちの共同体を守ろうという機能が高まるため、かえって結束力が強まるからです。これは多くの心理実験でも証明されています。

社会的集団にとって最も脅威となるものは何か。それは、内部から集団そのものを破壊してしまう、「フリーライダー」の存在です。フリーライダーとは、直訳すれば「タダ乗りをする人」。要するに、「協力行動をとらない／邪魔をする人」「ズルをする人」です。

集団を維持するためには、お互いに労働や時間、物、お金、情報といった「リソース＝資源」を出し合わなければなりません。だからこそ、集団において「必要とされる人」「いい人」とは、自己犠牲をいとわずに、みんなのために力を尽くせる人です。

しかし、みんなが平等にリソースを出し合っているのに、自分は協力せずに、みんなが出したリソースにタダ乗りして利益を得ようとする人、つまり「フリーライダー」がいるとどうなるでしょうか。こうしたフリーライダーを野放しにしておくと、自分が犠牲を払うことは損をしていると多くの人が考えるようになり、リソースを出さなくなります。そのことによって、集団は機能しなくなり、やがては崩壊してしまうのです。

そこで、集団を壊すリスクを回避するために、タダ乗りをしかねない人を排除する必要が出てきます。完全に排除できれば、集団の協力関係は揺るぐことなく、お互いに利得を高め、生存できる可能性も高くなります（24ページ図1参照）。

しかし、排除行為を行うためには、労力がかかり、リベンジされる危険もあります。それでも、集団を作り生き残るためには必要な行動でした。そのため、共同体にとって邪魔になりそうな人物を見つけた場合には、リスクを恐れず制裁行動を起こして排除しようとする機能が脳に備え付けられた、という考え方ができるのです。

学術用語では、このタダ乗りしかねない人を見抜く機能を「裏切り者検出モジュール」、そして、制裁行動を「サンクション」と言います。

「向社会性」がいじめを生む

この「サンクション＝制裁行動」は集団になればほぼ必ず生じます。

図1　サンクションが起こる仕組み

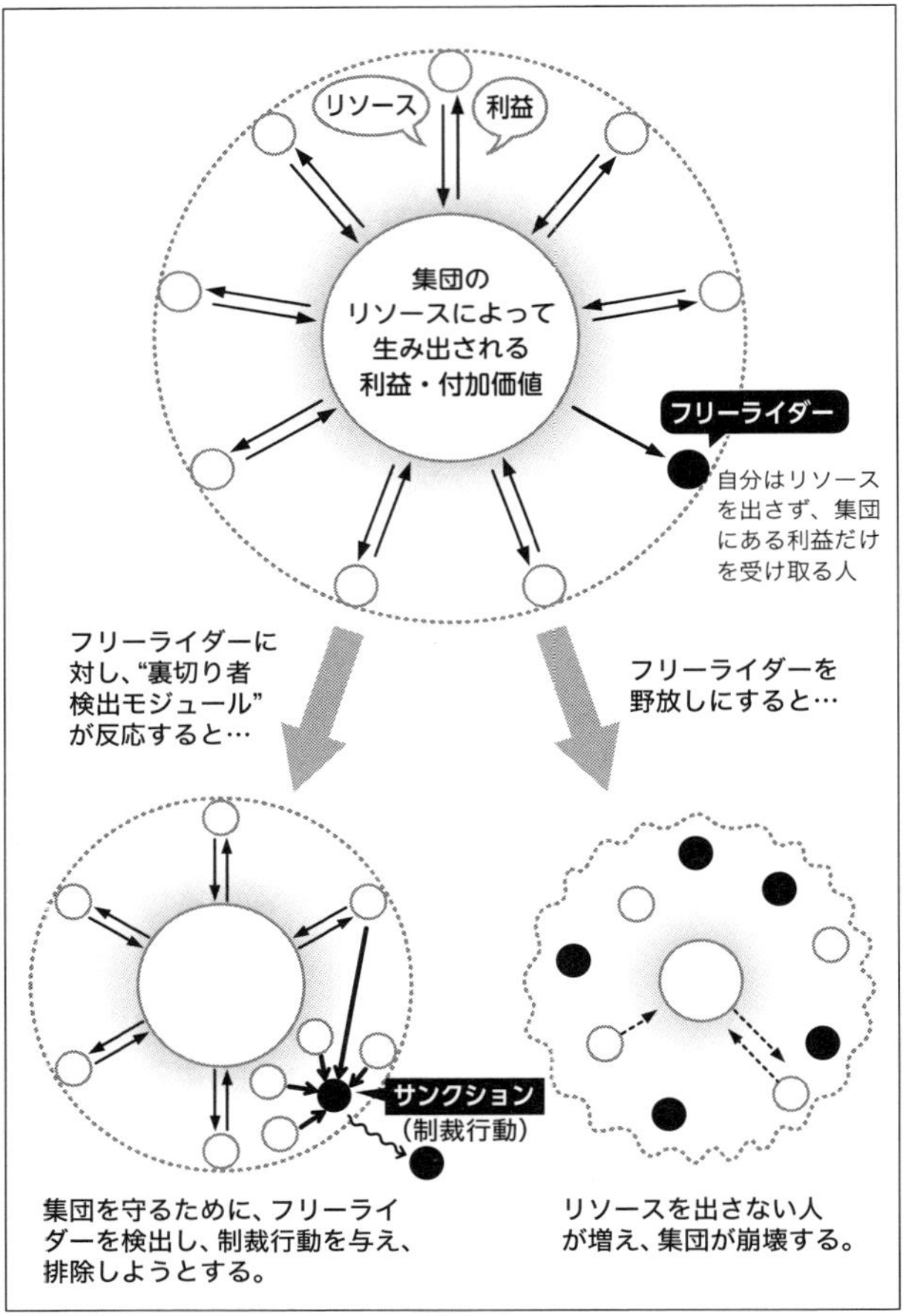

そもそもは、仲間を守ろう、社会性を保持しようという、集団を維持するための「向社会性」の表れだからです。

「向社会性」とは、反社会性の反対の意味であり、社会のために何かしよう、他人のために役立とうと行動する性質のことですから、それ自体は悪いものではなく、私たち人間にとってなくてはならないものでした。

しかし、この向社会性が高まりすぎると、同時にその反動として、危険な現象が表出することがあります。その危険な現象は2つあると考えられています。

一つは排外感情の高まりです。

自分たちとは違う人々に対する敵対心、あるいは不当に低く評価する気持ちです。

これは、日本のヘイトスピーチや、移民を排除しようといったトランプ大統領に賛同する人々の思想など、最近の社会現象として問題にもなっています。

もう一つは、「排除しなければ」という感情に伴う行動、つまりサンクションが、発動すべきではない時にも発動してしまう時に起こる現象です。

例えば、ルールを破ろうとしているのではなく、ルールを知らなかっただけの人や、体が小さいがためにみんなの役に立たなさそうに見えてしまう人、さらにはちょっとだけ生意気だったり、みんなの常識と違った格好をしていたり、標準的な可愛さよりもちょっと目立つ可愛さがあるなど、みんなのスタンダードと少し違うという人。こういった対象に向けて、制裁感情が発動してしまうことがあります。

これを、「過剰な制裁（オーバーサンクション）」と言います。

この現象は学校内や会社といった組織でも起こりうることです。そして、これが「いじめ」が発生してしまう根源にあるメカニズムなのです。

第二章

いじめに関わる脳内物質

第一節　オキシトシン

〝愛情ホルモン〟オキシトシン

第一章で確認したように、人間は共同体を作るという戦略に頼って生き延びてきた生物種です。

そのため自分たちの共同体に、共同体の協力構造を破壊する可能性のある人が存在すると、その人に対して、制裁行動＝サンクションが発生します。

これは共同体を守り、維持するための重要な機能の一つで、「向社会性」が高い共同体ほどサンクションが起こりやすいと述べました。

この向社会性といじめの関係について、脳科学の視点からもう少し具体的に分析してみましょう。

脳内で合成・分泌される脳内物質＝ホルモンの一つに、「オキシトシン」という物質があります。

このオキシトシンは、その性質から「愛情ホルモン」とも呼ばれ、脳に愛情を感じさせたり、親近感を感じさせる、いわば人間関係を作るホルモンです。

例えば、普段はとても無愛想な男性が、溺愛するわが子と接するときには、猫なで声になり、ニコニコしてしまうことがあります。わが子を見つめ、触れ合うことで、その男性の脳内には愛情ホルモンのオキシトシンが分泌され、無意識に愛情深い気持ちになっているのです。

オキシトシンの分泌により愛情が深まる

オキシトシンは、脳の視床下部・室傍核と視索上核の神経分泌細胞で合成され、下垂体後葉から分泌されます（30ページ図2参照）。

オキシトシンは脳や脊髄などの中枢神経では神経伝達物質として働き、その先の末梢組

図２　視床下部の構造

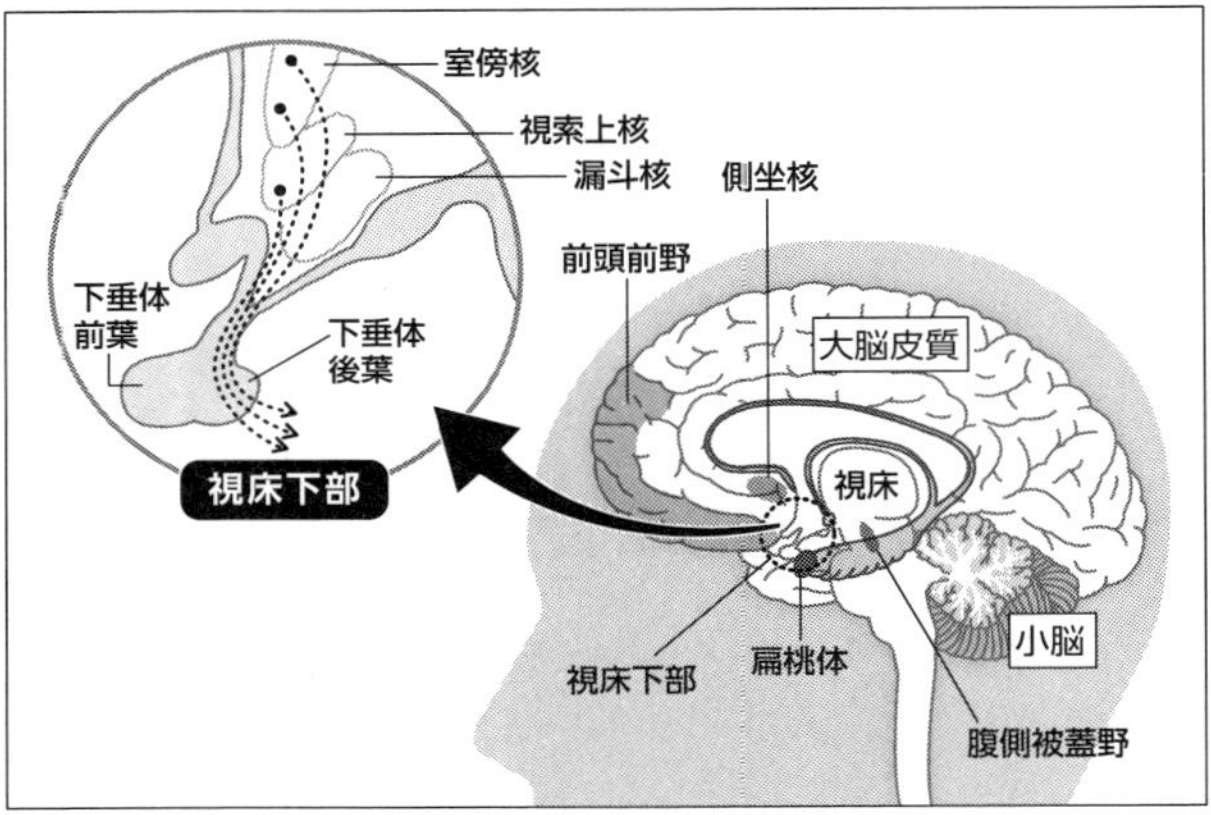

図３　〝愛情ホルモン〟オキシトシンの働き

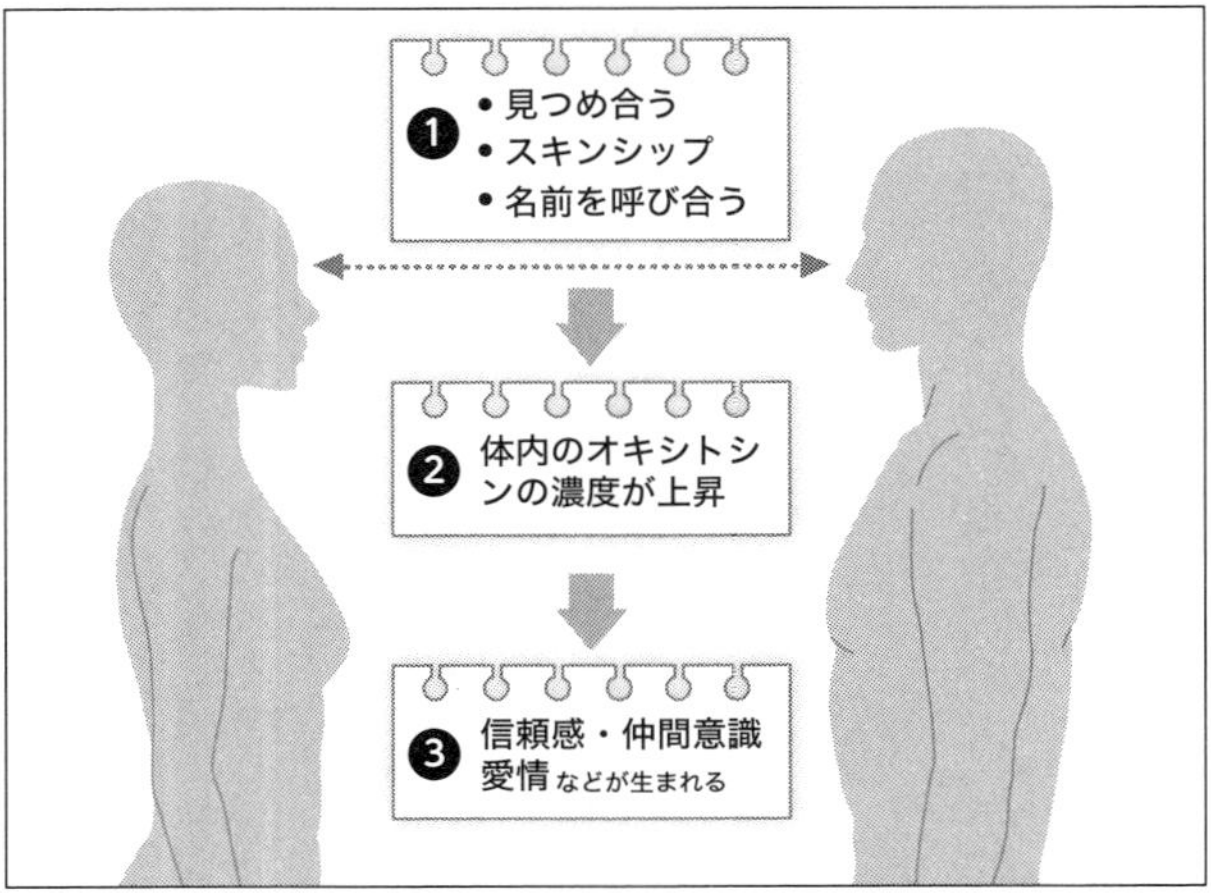

織では筋肉のストレスを緩和することで収縮を助ける働きを持っています。
オキシトシンによる筋肉収縮の作用が最も顕著な状況は、分娩時や授乳時です。オキシトシンの働きで子宮収縮が起こりやすくなったり、乳腺を収縮させて母乳の分泌を促すことができるのです。

そのため、医療現場では
・子宮収縮薬
・陣痛促進剤
など、さまざまな場面でオキシトシンの薬効を利用した薬剤が使用されています。

オキシトシンは、分娩時に多く分泌され、授乳時に活躍するホルモンです。では女性特有のホルモンかというとそうではなく、これまでの研究で、男性にも普遍的に分泌されるホルモンであることがわかっています。
例えば、男女を問わず、スキンシップをとったり、名前を呼び合ったり、目を見て話すといった行為をすると、オキシトシンが分泌されます。

誰かと同じ空間に長くいるというだけでも、オキシトシンの濃度が高まることがわかっています。さらには、同種の人間に対してだけでなく、ペットをなでたり、触れ合うことでも分泌されています。

オキシトシンがいじめを助長する

オキシトシンが分泌されると、相手への親近感や信頼感、安心感が生まれ、そして、心理的、精神的なストレスも緩和されます。

愛する人、仲間と一緒にいることで大きな幸福感を感じたり、誰かと握手をしたり、肩を組んだり、目を見て話したりすることで仲間意識を感じるのは、オキシトシンによる効果です。

このように、オキシトシンは、人の感情に直接的に作用して、愛情や絆、仲間意識を作るホルモンであり、共同社会を構築するためには必要不可欠なホルモンだと言えます（30

ページ図3参照）。

しかし、共同社会作りに欠かせない側面がある一方で、オキシトシンが仲間意識を高めすぎてしまうと、「妬み」や「排外感情」も同時に高めてしまうという、負の側面をも持った物質であることもわかっています。

〝過ぎたるは猶及ばざるが如し〟〝可愛さ余って憎さ百倍〟……。人間の心の不思議さを、この物質の働きに見るような思いがしますが、愛情や仲間意識の過剰が、逆に、人間関係を壊してしまうことにもつながっているのです。

別の言い方をすれば、オキシトシン自体は良いものでも悪いものでもなく、仲間を作るために必要だから分泌されるのです。仲間を大切にしようという気持ちと、そのために良い仲間を作ろう、良い仲間を選別しようという気持ちは表裏であり、後者が強くなることでサンクション＝いじめが発生しやすくなるのです。

仲が良いほどいじめが起きやすい

脳内物質の視点から見ると、仲間を作るオキシトシンが、同時に仲間に制裁を加える、排除するという、いじめを司る働きをするわけですが、心理学者の澤田匡人先生は、調査から、「規範意識が高い集団」ほど、いじめが起こりやすいことを指摘されています。

規範意識が高い集団とは、その集団には集団の決まりがあって、それを守らなければならないという気持ちが強いということです。

規範は、その集団を維持するための決まりですから、これをどのようにして守るかは集団の存続に関わります。規範意識が高ければ、その集団は〝きちんと〟していて、〝統制〟がとれており、端から見ても良い集団であり、〝はみ出し者〟、集団の目的を乱すものを許さないわけですから、集団を構成する個々人にとって〝良い集団〟であると思われがちです。

ところが、この規範意識が高い集団は、当然、規範を守るための方策が必要になってきます。その、規範を守る方策が誤った方向に進むと、制裁を加えたり、排除の方向に進むわけです。

ここで重要なのは、規範といっても国の法律や、会社の就業規則など、明文化されたものだけではなく、ごくプライベートな仲間の集団や、さらには集団とも呼べないような4、5人の友達同士の間にも不文律として存在する規範もあることです。

オキシトシンにより仲間を作り、オキシトシンにより仲間の関係が強化される。すると、強化された仲間の関係＝集団内では、その集団を守るために規範意識が高まっていきます。そうして、サンクションが起こりやすい環境が整います。

こうしたオキシトシンに端を発する、仲間、規範意識、サンクションといった向社会性の連鎖の先に〝いじめ〟は発生します。

誰もがいじめは決して良いことでないし、やってはいけないことだという意識を持っているのに、集団でいることで向社会性が高まってくる。そして、集団の中で逸脱した人を排除したいという気持ちも同時に高まっていく。

これが、仲の良い集団ほど、いじめが起こりやすいというジレンマです。

高い仲間意識の危険性～泥棒洞窟実験～

子どもたちの間では、仲間意識が強すぎるために、集団やグループ同士がいがみ合い、いじめに発展するケースが多々あるようです。

対立する2つの集団を融和させようと試みても、現実に、それはなかなか簡単なことではありません。

関係を融和させるための方法として、容易に思いつくのは、対立するグループの子どもたちを一緒に遊ばせたり、一緒に食事をさせるといった方法です。

一緒に何かをさせることで仲良くさせるという試みです。オキシトシンが〝同じ場所にいるだけで働く〟ことから、一見すると良い方法のように思えますが、それはかえって逆効果になるということを示した実験があります。

1954年に、アメリカの社会心理学者であるM・シェリフらが行った「泥棒洞窟実験」です。

実験は、9歳から11歳までの少年たちを対象に行われました。まず、少年たちを2つのグループに分けます。その後初めはお互いの存在を知らせずに、キャンプ地である〝泥棒洞窟〟に向かい、少し離れた場所でキャンプをしました。

最初の一週間はそれぞれのグループで、ハイキングなどの野外活動を体験します。これによってグループ内の結束が強くなり、仲間意識が生まれました。

その後、別の少年グループがすぐ近くでキャンプをしていることを知らせ、2つのグループで綱引きや野球など、互いに競い合う競技を行いました。

その結果、グループ内では仲間意識が高まりましたが、相手のグループに対して、敵対心を持つようになり、競技中に相手グループの悪口を言ったり、相手を攻撃するようになります。

さらに、競技後「友達にするなら、今のグループのメンバーと、相手グループのメンバーのどちらを選ぶか」と質問すると、自分のグループの子を選ぶと答えた子が9割以上でした。仲間意識が高くなるにつれ、自分の仲間でないものや、自分のグループ以外の人に対する排除意識も高まったことがわかります。

実験では、こうした2つのグループの敵対関係を解消するため、一緒に食事をさせたり、一緒に映画を鑑賞させるといった活動も行われました。しかし、食事中に喧嘩を始めてしまい、対立関係が改善することはありませんでした。

この2つのグループの関係に変化を与えたのが、キャンプに必要な飲料水のタンクを共同で修理させるなど、どうしても2つのグループが協力しなければならないという状況を作り出し、力を合わせて作業をするという経験をさせることでした。

図らずもではありますが、お互い協力して課題を克服した後、もう一度「友達にするなら、今のグループのメンバーと、相手グループのメンバーのどちらを選ぶか」と聞いたところ、3割前後の子が相手グループの子と友達になってもよいと答えたそうです。

この研究では、自分の所属するグループ以外に別のグループがあることを意識しただけで、「自分の仲間」と「自分の仲間以外」という意識が高まること。そして仲間間ではオキシトシンにより結束力が高まる一方で、仲間以外の人には敵対心が高まることが示されました。

そして、単に別のグループと食事をしたり、一緒に遊ぶだけではその敵対心は消失しないこともわかりました。

これは、政治の手法、いわゆる「内政で失敗したら外交で取り返す」というやり方に近いかもしれません。外敵を作り出すことで、内なる結束を高める手法です。

私たちも、仲間の内と外を区別するのは、ごく普通のこととしてやってしまっています。ただ、そこがないと、また奇妙なことにもなります。問題はその意識の強さ、過剰さにあります。

学級内やクラブ活動でグループ対立があった場合の対処法として、この実験がヒントになるのは、「仲良くしよう」というメッセージや、一緒に遊ばせる、食事をするといった活動よりも、対立グループがどうしても協力しないと達成できない目標、グループの壁を越えて進むべきゴールを設定し、それに向かわせるほうが、関係解決に有効な場合もあるということです。

集団は理性を鈍化する

2つのグループがあれば、その間に対立が生まれ、抗争に発展するだろうということは想像に難くありません。

ところが、仲が良い集団であっても、人が集団で行動すると個々人の道徳心が薄れ、倫理観の欠如した行動をとる、すなわち、いじめが起こりやすくなることを裏付けるデータがあります。

〝集団は理性を鈍化する〟。このことを明らかにしたのが、2014年に、米マサチューセッツ工科大学とカリフォルニア大学バークレー校、それにカーネギーメロン大学などの合同研究チームが行った実験です。

この実験によって、人は集団の一員として行動しているとき、「良い」「悪い」を判断する脳、すなわち、道徳心や倫理観に関わる内側前頭前野という領域の反応が落ちることがわかりました。

実験は以下のようなものでした。学生の被験者23人が、画面に出たメッセージに対して回答するもので、速く反応したほうが勝ち。勝てばお金が手に入るというゲームです。

学生には、このゲームを個人対戦と、グループ対戦の2通り行ってもらいました。

メッセージは「Facebookに600人以上の友人がいます」といったソーシャルメディアに関するものと、「みんなで共用する冷蔵庫から食べ物を盗んだことがあるかないか」といった倫理・道徳に関するものです。

ゲーム中、研究チームは被験者の脳をスキャンして、脳の内側前頭前皮質の反応をモニターしました。

「共用の冷蔵庫から食べ物を盗む」。これなどは、内側前頭前野の活動を測るメッセージです。普通であれば、内側前頭前野が「良くないこと」と判断します。

個人で戦っているうちは、内側前頭前野の反応は変わりませんでしたが、グループ対戦で、メッセージへの反応速度を争うようになると、その活動がどんどん落ちていきました。内側前頭前皮質の反応が、個人対戦のときに比べ、グループ対戦のときは、著しく低下していたことがわかったのです。

この実験は、グループになることで、倫理的、道徳的判断が低下し、よりブレーキが効きにくくなることを示しています。

さらに、ゲーム終了後、相手チームはどのような人たちか、複数の顔写真の中から被験者に選ばせました。すると、チームメイトに比べて、相手チームのメンバーは、写りの悪い顔写真を選ぶ傾向を示したのです。

グループで対戦するというゲームを、たった数十分という短い時間行っただけで、倫理・道徳観は低下しました。

そして、自分と敵対する人を不当に低く評価する傾向が高くなることもわかりました。〝自分にとって好ましくない顔は敵に違いない〟。これは外集団バイアスというもので、オキシトシンによる、排外感情と考えることができます。

誰でも差別者になる～青い目・茶色い目実験～

集団が持っている正義と、個人が持っている倫理観というものが対立したときに、個人の倫理観は集団の正義に乗っ取られてしまうというデータをもう一つ紹介しましょう。アメリカで1968年、当時小学3年生の担任だったエリオットという女性教師が行った〝青い目・茶色い目実験〟です。

アメリカでは、人の目の色はさまざまです。実験では、クラスの中で青い目の子どもたちと、茶色い目の子どもたちを分けました。

そして、まず「青い目の子どもたちはみんな良い子」として、「良い子だから5分間だけ余計に遊んでもよい」としました。その次の日は逆に「茶色い目の子どもたちは良い子だから、水飲み場を使ってよいが、青い目の子どもは駄目」といった具合にします。目の色による差別です。こうしたことを一日交代で行いました。

そもそも、エリオット先生がこのような実験を始めたきっかけは、目の色で区別したり、差別することの愚かしさを、子どもたちに実感してもらうためでした。先生は、子どもたちがすぐに、「すごくバカバカしいことだ」という意見を持つことを期待していたのです。ところが、実験を始めると、わずか15分後に、とても仲のよかったクラスの子どもたちが大喧嘩を始めたのです。

これは、子どもであっても、「差別の機能」は発達しており、偏見や差別に対する社会的なメッセージを敏感に受け取りながら、自分たちもそれに呼応しているということがわかる実験です。

そして、青い目のグループと、茶色い目のグループは意図的に、それも差別の愚を知らしめるためのグループ=集団でしたが、グループになることで、個人の倫理観・道徳観はいとも簡単に封殺され、個人が操作されてしまうということを感じます。

どんなに仲が良い集団でも、集団となることで、むしろ争いは簡単に起こるのだという教訓となるでしょう。

仲間なのに妬み合ったり、蔑んだり、いじめをすることは良くないことで、そのようなことをするのは、〝ある一部の人〟と思う人がいるかもしれません。

しかしそれらは、実際には、状況や状態次第で、誰でも起こしうる行為です。そもそも人間は、そういう行為をする生物だということが、本章でご紹介した実験などから、わかってきたのです。

第二節　セロトニン

「裏切り者検出モジュール」

集団社会では、向社会性の高まりと同時に、集団を守るために、逸脱者を集団で排除しようとする「オーバーサンクション」が起こる可能性が高くなり、そこに誘発されて起こる攻撃の行動が「いじめ」につながると前述しました。

このオーバーサンクションは、発生しにくい国と発生しやすい国があります。その違いはどこにあるのでしょうか？

オーバーサンクションが起きるときには、まず逸脱者の特定が必要になりますから、その前段階として、逸脱者を見つける＝検知するプロセスが必要になります。

集団の構成員として、他のメンバーを眺めながら、「この人は将来的にズルをするかもしれない」「もしかすると、この人は集団からはみ出しているのではないか」といった逸脱者を見つけ出そうとする、検知する脳の思考プロセスを「裏切り者検出モジュール」と呼んでいます。

とても嫌な呼び方ですが、言い換えると、集団内における将来的なリスクを感知する能力のことです。

この裏切り者検出モジュールの強弱は人によって違いがあり、日本人の場合、他の国の人よりも強い傾向にあることがわかっています。

従って、日本人は逸脱者や逸脱候補者を見つけがちな国民性があり、その点でサンクションが発生しやすいと言えます。

国によって、こうした傾向の違いが生じるのは、「セロトニン」という脳内物質が関わっていると考えられます。

〝安心ホルモン〟セロトニン

セロトニンは「安心ホルモン」とも呼ばれ、セロトニンが多く分泌されているとリラックスしたり、満ち足りた気持ちになり、セロトニンが少ないと、不安を感じやすくなると言われています。

体内にあるセロトニンの大部分は消化管や血液中にあり、それらは腸の活動を促進したり、血液や血管の働きを調整しています。

脳内でのセロトニンは、脳や脊髄などの中枢神経で神経伝達物質として作用します。その働きは、視床、線条体、海馬・扁桃体など、広範囲にわたり、生体リズム、呼吸や睡眠、体温の調節、運動機能などに作用しています。

さらに、セロトニンの量が減ると前頭前野の働きが悪くなるため、情動を抑えられなくなるだけでなく、共感、計画性、意欲といった、適切な社会行動をとるための能力が低下します。

そのため、社会性が低下したり、理性を保てず衝動的な行動が多くなることもあります。

セロトニンの低下がうつ病につながったり、セロトニンを増やす作用を持つ抗うつ剤が、うつ病や不安障害の治療に使われるのもこのためです。

日本に不安症の人が多いわけ

セロトニンは神経細胞から分泌され、次の神経細胞の受容体に結合してシグナルが伝わっていきます。

分泌されたセロトニンの中には余ってしまうセロトニンというものもあります。さらに、神経細胞の中には、この余ってしまったセロトニンをもう一度リサイクルして使い回すためのたんぱく質があります。これを「セロトニントランスポーター」と言います。

このセロトニントランスポーターの量は遺伝的に決まっており、人によって違います。

セロトニントランスポーターの多寡は、セロトニンの作用に影響するので、人の思考などの違いが表れます。

セロトニントランスポーターが多い人は、セロトニンをたくさん使い回すことができますから、多少のリスクがあっても、あまり気にせずに、楽観的で大らかな振る舞いをする人になります（50ページ図4参照）。

図4　セロトニントランスポーターの仕組み

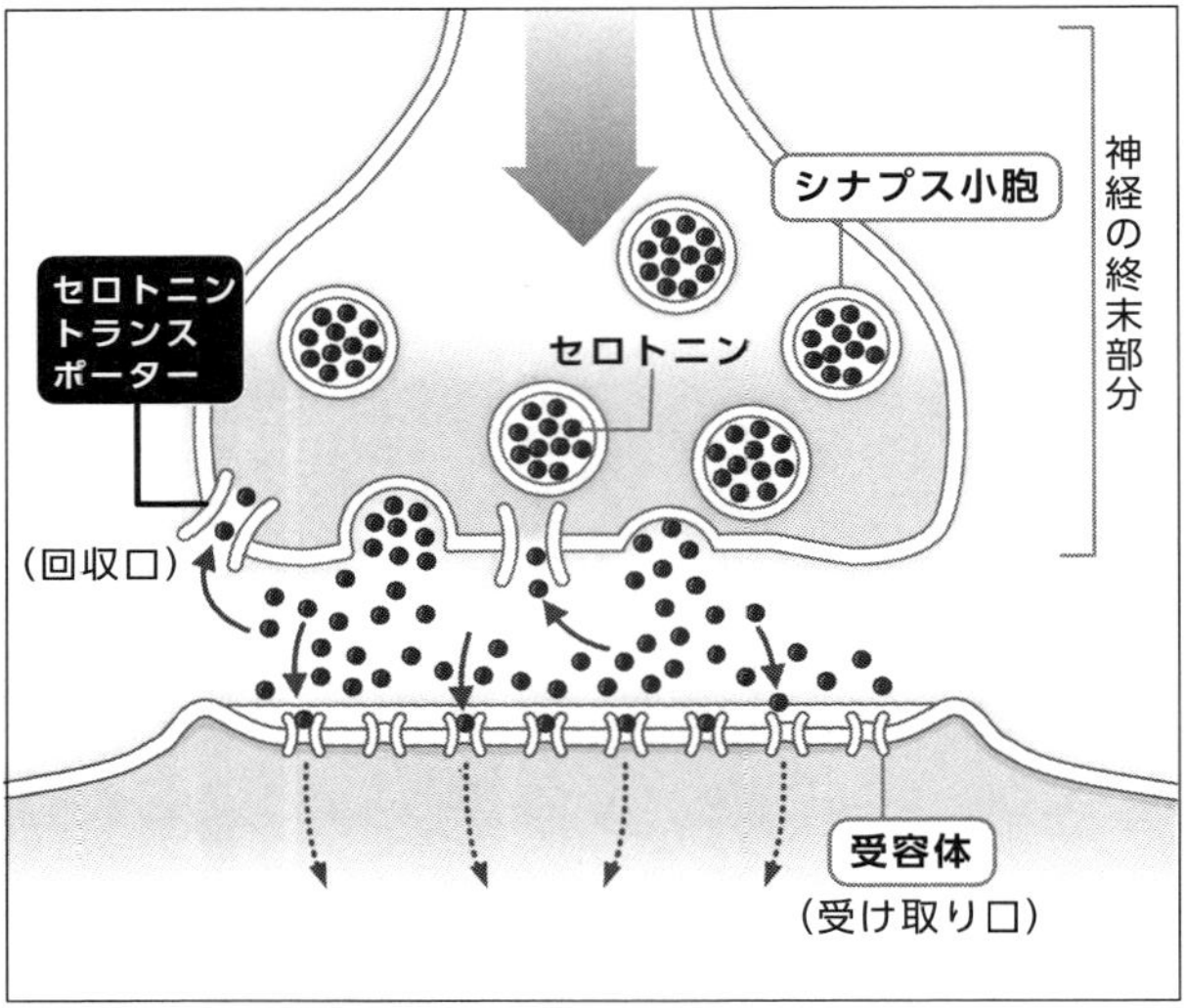

セロトニントランスポーターは、神経細胞から分泌されたセロトニンを再度回収しリサイクルするたんぱく質。セロトニントランスポーターが多い人は、「安心ホルモン」であるセロトニンをたくさん使い回せるため、楽観的になり、少ない人は不安になりやすい傾向がある。

逆に少ない人は、不安傾向が強く、いろいろなリスクを想定して慎重になります。例えば「これは危なそうだからやめておこう」「この人は危険そうだから距離をおこう」といった慎重な意思決定をする傾向が想定されます。

このセロトニントランスポーターには、多く作ろうとするL型の遺伝子と、少なく作ろうとするS型の遺伝子があります。

これらの組み合わせで、その人の持っているセロトニントランスポーターの量が決まります。人間には遺伝子は2セットありますから、人が持つセロトニントランスポーターのタイプは、LL型、SL型、SS型と3種類に分類されます。

このセロトニントランスポーターを少なく作ろうとする遺伝子S型が、世界29か国でどのくらいの割合分布になるのかを調査したチームがあります。

その調査の結果、29か国中日本はS型が最も多いという結果になりました。日本はS型遺伝子の割合が80%を超えており、しかも80%を超えるのは日本だけだったのです。例えばアメリカの場合は、S型の割合は43%。残りはL型でした。

この調査から、日本人は、先々のリスクを予想し、そのリスクを回避しようと準備をする「慎重な人・心配性な人」、さらに、他人の意見や集団の空気に合わせて行動しようとする「空気を読む人」が多くなる傾向があると考えることができます。

心配性である=リスクを考えるということは、つまり、「裏切り者検出モジュール」の強度が日本では高くなり、「この人は将来的な不安の種になるかもしれない」ということを検出する能力が高くなると言えます。

その〝かもしれない〟が強すぎると、実際には〝フリーライダー〟にならない人まで排除しようという気運も高まってしまうのです。

日本人の不安症と勤勉さは江戸時代に作られた?

ではなぜ、日本人はS型遺伝子が多いこうした遺伝子プールになってしまったのでしょうか?

なぜ、S型遺伝子の割合が日本では81％、アメリカ43％という大きな差ができてしまったのかを、シミュレーションしてみましょう。

生物の進化において、ある特定の遺伝子が広まっていく速度＝適応度は、数理社会学では、一世代で1％の変化が起こると仮定する場合が多いです。

アメリカと日本で、セロトニントランスポーターS型に着目すると、ほぼ40％違いますから、最短で何世代でこの差ができてしまうのかを計算すると、20世代で達成できてしまうことになります。

一世代20年とすれば、20世代というと400年という計算になります。

今から400年前の日本は、ちょうど江戸時代の初期の頃。大坂夏の陣が終わり、徳川家康が亡くなった頃です。

戦国時代を終えた江戸時代は元和偃武となり、社会情勢がとても安定し、それほど外敵のことを考える必要もなく、順応主義が促進された時代でした。

さらに、江戸時代には宝永大噴火、安政の大地震など、大きな災害がたくさん起こりました。人間は一人では対処できないような甚大な災害があるときには、集団で協力し合わなければ生き抜けません。

また、江戸時代は、お米で年貢を納める時代。米が通貨の役割を果たしていたわけです。稲作は労働集約型の産業です。四季に合わせ、総出で足並みを揃えて作業に従事する必要があります。

こういった時代に、自分だけ協力せずに、周囲の努力や犠牲の上にタダ乗りする人は、社会的に非常に迷惑な存在になりうるわけです。

江戸時代の日本では、みんなと協力する人、そしてあまり目立たず、リスクに対して慎重で、裏切り者がいたら糾弾するという人のほうが、生きやすい国だったと言えるでしょう。

生き残る戦略は環境条件が異なると変わります。

今の遺伝子から遡って考えると、農耕中心の平和な江戸時代が長く続いたからこそ、日本人にとって生存するための適応戦略は、慎重戦略となり、そのためにセロトニントランスポーターS型の比率がこれだけ突出したと考えることができます。

第三節　ドーパミン

「快感」は「理性」より強い

サンクションというのは、制裁と訳しますが、もっと平たく言うと攻撃のことです。攻撃をすれば仕返しされる、つまりはリベンジの恐れがあります。また、自分の仕事をほったらかしにしてサンクションの行動をとるわけですから、自分のリソースのことだけを考えたら、本来は損な行動です。

ですから、考えてみると制裁行動というものは、利もなく、全く合理的ではない行動です。それにもかかわらず、なぜサンクションを行うのでしょうか?

その恐ろしくも、驚くべき答えが、制裁行動に「快感」を感じるからなのです。

この快感は、理性では把握しきれないものかもしれません。むしろ、自動的に起こる感情的プロセスに基づいたものと捉えたほうがよいでしょう。

例えば、相手を攻撃することは、通常はあまり良くないことだと、理性的には知っているわけです。ところが一方で、人間の脳は、その理性的なブレーキを上回るほど、攻撃することによる「快感」を感じるようにプログラムされていると考えられます。

脳内麻薬ドーパミンの働き

この「快感」について、もう少し説明をします。

私たちの脳が快感を感じるのは、「快楽物質」と呼ばれる、ドーパミンの働きによるものです。

ドーパミンは、オキシトシンやセロトニンと同じ「神経伝達物質」の一つです。

ドーパミンを分泌する神経A10は、中脳の腹側被蓋野という部分から出て、前頭連合野や、海馬、扁桃体、視床下部など、脳のさまざまな場所に伸びています（58ページ図5参照）。

神経A10が活性化することで、脳のさまざまな部分で快感を受け取ります。そして特にこの神経は、種と個体の維持、情動に関連する領域につながっています。

図５　大脳辺縁系

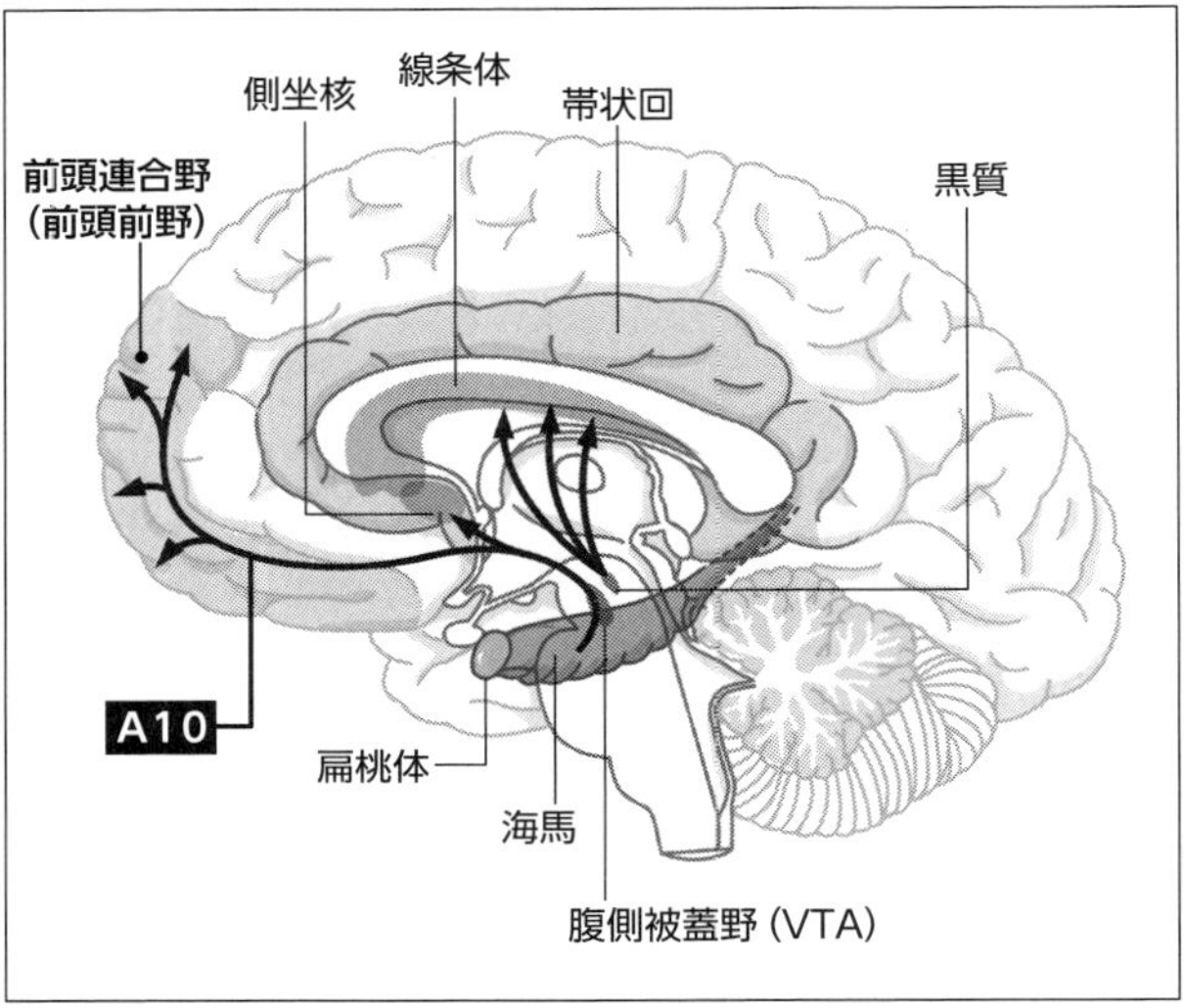

つまり、快感の神経は、「自分が生きていくために必要なもの」を得るときや、「子孫を残すために必要な行為」をするときに活性化するようにできているのです。

食事やセックスをするときに、ドーパミンが放出され、快感を覚えるのはこのためです。

そして、お腹がいっぱいで食べたら太るとわかっているけれど、食べすぎてしまうことがあります。これは理性と情動とは一致しない、情動は往々にして理性を凌駕することを物語っています。

いじめの場合でも、やってはいけないことだと思っているけれども、その行動が促進されるということが起こってしまいます。

これは、サンクションというものが、非合理的な行為であるにもかかわらず、「快感」を与えなければならないほど、人間という種が生き延びるためにも、根本的には重要な行動だったということだと言えます。

「正義感」がいじめを助長する

実際に、オーバーサンクションが発動するときの脳では、ドーパミンが放出され、喜び

＝快感を感じることがわかっています。

しかし、このときの快感は、摂食行動や性行動のような、種を維持・保存するためにだけドーパミンが活性化しているわけではありません。

所属集団＝種を守るために、ルールに従わないものに罰を与えるという「正義」をもって制裁を加えるため、そこでは正義達成欲求や、それによる所属集団からの承認欲求が満たされます。言ってみれば、個人的欲求である食欲や性欲から、さらに次元の上がった「快感」を感じるのです。

いじめの始まりは、「間違っている人を正す」という気持ちから発生します。「おまえは間違っているだろう！」という気持ちで制裁し、「自分は正しいことをしている」と感じることで得られる快感があるのです。

いじめている側の、自分は正義であるという思い込みは絶対で、自分の行動を正当化し、「正しいことをするのは楽しいことだ」という感覚で相手を攻め、批判し、追い込んでいくのです。

ネットの炎上がわかりやすい例でしょう。誰かが少しでもポリティカル・コレクトネスから逸脱したと見なされると、みんなで寄ってたかって叩きに行く。それがSNSなどの炎上です。

あの人は正しくないことを言っている、共同体のルールに従わない人なので、攻撃してもいい人ですよというお墨付きを自分は得ていると思い込み、正義を振りかざして、あらゆる言葉を使って相手を痛めつけているのです。

ネットの社会でなぜこれほど炎上が起こるのかと言えば、どんなに過激な言葉を使っても、匿名性があることで、リベンジされるリスクが低いからです。

ネット炎上でもドーパミンは放出されます。

共同体のルールに従わないものを糾弾しようと、正義の側からバッシングしている人たちにとって、炎上させることである種の承認欲求や達成欲求が満たされるため、快感そのものなのです。そして、炎上すれば炎上するほど、ドーパミンという脳内麻薬が活性化して、バッシングはさらに過激化します。

このようにネット炎上は、正義を振りかざす点、匿名性によるリベンジの回避、承認欲求や達成欲求の充足など、いじめとかなり似た構造を持っています。

最近は誰もが、バッシングすることで得られるドーパミンの快楽を求めて、常に叩く相手を探しているかのようです。そして相手を見つけるとすごい勢いでみんなが集まってくる。集団で歩く蟻の真ん中に砂糖を落としたように感じることすらあります。

ご紹介してきた実験からもわかるように、集団であることで、思考力が低下し、個別の理性では止められない状態になっているのです。たとえ誰か一人が理性で止めようとしても、その一人がまたもう一つの異分子になってしまうので、さらに新たないじめの連鎖が起こります。

ドーパミンが一度出始めると、理性のブレーキがなかなか利かないという身近な例です。

理性と攻撃したいという欲求が戦った場合に、その理性の部分が、攻撃の欲求を抑えるどころか、より高める方向に働くのです。これは悪いことではなく、むしろ正しいことなのだという意識が働いてしまうので、止める機構が存在しなくなってしまうのです。

なぜ「いじめられる側にも原因がある」と言われるのか

「正義」の傘の下、いじめている側をどんなに諭そうとしても、そこには「自分は正義を行っている」という無意識的な大きな満足があります。あるいは正義を行う快感に中毒になっているので、止めることはかなり困難です。

たとえどんなに学校でいじめをやめるように先生に指摘されても、とりあえず表面を取り繕おうとするだけでいじめは止まらず、逆にいじめが潜在化して、見つかりにくくなるという例は枚挙に暇がないのではないでしょうか。

もしかしたらいじめを傍観している人や、担任の先生の中には、いじめられる側にも理由があると感じる方がいるのではないでしょうか？

それは、その人の中にも、裏切り者検出モジュールが存在し、オーバーサンクションの機能が発動してしまっているからかもしれません。

もともとセロトニントランスポーターS型が多い日本人です。慎重型、体制順応型が多い日本人の、裏切り者検出モジュールの検出基準は、いじめる人も、いじめを傍観する人、さらには担任の先生も、それほど違いはありません。ですから、オーバーサンクションを受ける人の、いじめる側が指摘する部分に、それらの人が無意識に同調してしまうということがあります。

さらに、大人であり、学級担任という立場の人でさえ、集団の中に加わることで、道徳心・倫理観が低くなり、集団に働くサンクションの機能を止めるのは非常に難しいということになります。

ましてや抑制の機能が、まだ十分に育っていない子どもならなおさら、このサンクションの発動を止めることは極めて難しいと言えるでしょう。

いじめは深化する〜スタンフォード大学監獄実験〜

ドーパミンによって、理性が低下し、いじめの連鎖が起こる実験例を紹介します。

実験を行ったのは、アメリカのスタンフォード大学のフィリップ・ジンバルドー氏です。当初この実験では、普通の人が、特殊な肩書きや地位を与えられることによって、その役割に合わせて行動してしまうことを証明するためのロールプレイング実験として行われました。

まず、スタンフォード大学の地下実験室を改造し、刑務所を作りました。そして新聞広告によって選ばれた、お互いに面識のない大学生など21人の被験者によって行われました。実験期間は2週間。学生たちを〝看守〟役と〝受刑者〟役の2つにグループ分けし、それぞれの役割を演じさせたのです。

一見すると、お遊びの「監獄ごっこ」に思えるような実験ですが、翌日には、〝受刑者〟には〝受刑者〟らしさが、〝看守〟には〝看守〟らしさが身についてしまったのです。

しかし、この実験の恐ろしいところは、〝受刑者〟は従順に、〝看守〟は強権的になっただけでなく、その行動がどんどんエスカレートしていったことでした。

例えば、すべての〝受刑者〟の右足には重い鎖が取り付けられました。

現実の刑務所では、今日、このような行為は禁止されています。さらに〝看守〟役の被験者は、命令に従わない、あるいは、うまくできなかった〝受刑者〟に対して、腕立て伏せなどの体罰を与えたり、食事を与えないなど、職務を超えて〝受刑者〟の被験者を虐待し始めたのです。そして、〝受刑者〟にさらに屈辱感を与えるために、素手でトイレの掃除をさせたり、靴磨きをさせるようになりました。

ごく普通の大学生たちでさえ、強い権力を与えられた人間と、権力を持たず、従順に従うことを強いられた人間とに分けられ、そのまま同じ空間にいることで、次第に理性の歯止めが利かなくなり、暴走してしまうのです。

結局、この実験は6日目に中止されました。そのきっかけは、たまたまこの実験を見学にきた、ジンバルドーの恋人である女性心理学者が、あまりにひどい状況にショックを受け、今すぐ実験を中止すべきだと忠告したからです。

監獄の様子はモニターされ、ジンバルドーはこうした状況を把握していました。

要するに、心理学の専門家である責任者までが、監獄という状況に中毒してしまっていたのです。

この実験からも、誰であっても、システムと状況次第で悪魔になりうる、そして正義という一種の脳内麻薬の中毒になってしまうということがわかります。

第二章
いじめの傾向を脳科学で分析する

第一節　いじめられやすい人の特徴

身体的弱者、空気が読めない人

主に暴力を伴ういじめを受けやすい人の身体的特徴として、次のようなことが挙げられます。

・体が小さい人
・体が弱い人
・太っている人
・行動や反応が遅い人

泣きたくなるような単純な理由ですが、これはよく考えてみればサンクションを行うとき、あえて身体的に弱く、リベンジが少なそうな人を選んでいるということが言えます。

また、反抗しなさそうな人、言い返さない人なども、いじめられやすいと言えます。

いじめを受けやすい人は身体的特徴だけでなく、〝人柄〟〝性質〟といった内面的な特徴によることもあります。

大きな意図もなく、集団の和を乱してしまうような言動をとってしまう人。もしくは、真面目で一人だけ正しい指摘をするがゆえに、みんなの楽しい雰囲気を台無しにしてしまうタイプの人もいます。いわゆる「空気の読めない人」です。

そういう人は、集団の中では悪い意味で目立ってしまい、その人の行為は、気に障る、目障りな言動と捉えられてしまいます。

誰でも「なぜだかわからないけど、あの人を見ているとイライラする」という経験があるのではないでしょうか？

そういった印象を与えやすい人は、いじめの標的にされやすいでしょう。

学校のような、長期にわたって共同生活を求められる場においては、場合によっては、仲の良い友達や先生でさえ持て余し、いじめが起こっても、前述したように「おまえにもいじめられる原因があるよ」と思われてしまうこともあるので危険です。しかし、本人は自覚がないので、改善することが難しいのです。

また、企業においては、リストラやパワハラの標的になりがちなタイプと言えるでしょう。

しかしながら、こういうタイプの人がいるからこそ、大人も子どもも、いじめの標的にならないよう、あえて空気を読んで行動する、周囲の人の様子を窺ってから、当たり障りのない発言をする、忖度する人が増えているように思います。

これも、リスクを高く見積る傾向の強い日本人ですから、集団の中で生き残るための戦略=処世術なのかと思うと、辛い気持ちになることがありますが、それも現実なのかもしれません。

一人だけ得をしているように見える人

〝一人だけ得をしているように見える人〟これは、「妬み」を買いやすい人と言えます。

そして、妬みからいじめに発展していきます。

心理学的には、妬み感情が強まるのは、互いの関係において、「類似性」と「獲得可能性」が高くなるときと言われています。

類似性とは、性別や職種や趣味嗜好などが、どれくらい似通っているかを示す指標です。つまり、自分と同じくらいの立場の人が、自分よりも優れたものを手に入れていると、より悔しいという感情が生まれやすいのです。

獲得可能性とは、相手が持っているものに対して、自分もそれらが得られるのではないかという可能性のことです。例えば、自分と同等、もしくは僅差だと思われる人が、自分が手に入れられないものを手に入れ、また自分が届かなかったレベルに相手が届いてしまったときに、羨ましく思うだけで済まずに、妬みが生まれるのです。

価値観や年齢や目的が全く違う人、努力しても追いつけないほど優秀な天才肌の人、手が届かないほどの権力者や超がつくほどお金持ちの子は、類似性も獲得可能性も低いため、妬みの対象にはなりません。

しかし学校は、通う目的も、年齢も同じ子が集まり、そこで均一の教育を受けているため、そもそも「類似性が高い」「獲得可能性の高い」人間関係です。

その中で、何となく先生に気に入られている子がいたり、部活で一人だけレギュラーになる子がいたり、少しだけ頭が良かったり、普通よりも少し顔が可愛い子、最近ちょっとお金儲けをした家庭の子などが存在します。

つまり、学級という空間は、妬みの感情が非常に起こりやすい環境が整っているということになるのです。

ちょっとだけ美人だとか、少しみんなより頭が良い人というのも、すぐにいじめられることはないにせよ、妬まれやすく、もしその人たちが失敗したり、何かミスを犯したときに、必要以上に騒がれたり、ひどく責められたり、そのことが原因でいじめられるといった状況も起こりうるわけです。

妬み感情は人間にもともと備わっている感情なので、止めることはできません。妬み感情がある場合には、その妬みの対象に不幸なことがあると、脳内で快感を司る〝線条体〟と呼ばれる部分の活動が活発になり、喜びを感じてしまうことがわかっています。これを学術的に「シャーデンフロイデ」と呼びます。いわゆる、「他人の不幸は蜜の味」と思ってしまう感情です。

しかし、妬みの対象は非常に流動的で、妬むほうと妬まれるほうの立場が変わることは往々にしてあります。

いじめっ子だった子が突然いじめられる側に回るケースがあるのも、いじめていることで、すでに、頭ひとつみんなから抜けるわけです。その人はやはり目立つので、その次にはターゲットになりやすいという構造を、自ら作っているわけです。

異質な存在と思われる人

いじめの対象となりやすい状況として理解不足、知識不足から〝異質な存在〟と見られてしまう人の場合があります。例えば、外国にルーツがある人や、性的マイノリティの人に対する偏見、差別がいじめにつながるケースはいまだに多いようです。

芸能界など、さまざまなジャンルの世界では、その特徴・特性を生かして活躍されている方がたくさんいますが、学校や職場といった身近な環境で出会う機会は少ないのでしょう。自分たちの集団に突然そうした背景を持った人がいると、〝裏切り者検出モジュール〟で異分子として検出し、からかったり、排除したりという気持ちが起こってしまいやすいのかもしれません。

国際人権団体ヒューマン・ライツ・ウォッチは2015年、日本の学校での性的少数者（LGBT）の子どもに対するいじめについて、オンライン調査を行い、翌年調査報告書を公表しました。この調査は、心と身体の性が異なるトランスジェンダーや同性愛などLG

BT当事者にインターネットで実施されました。

この調査によると、アンケートに回答した25歳未満のLGBT当事者約450人のうち、学校でのLGBTへの暴言を経験した人は86％にのぼり、そのうち、「教師が言うのを聞いた」と回答した人は約3割もいました。

さらに暴言を耳にした教師のうち、注意したのは7％で、60％は特に対応をせず、18％は自らも暴言を吐くなどをしたということです。

文部科学省では2015年、学校や教育委員会に対して「性同一性障害に係る児童生徒に対するきめ細かな対応の実施等について」という通知を出し、翌年には、LGBTに対する「**教職員の理解を促進することを目的**」とし、教職員向けの周知資料「**性同一性障害や性的指向・性自認に係る、児童生徒に対するきめ細かな対応等の実施について**」を公表しました。

今後、ＬＧＢＴに対する理解が深まることが期待されますが、教師も、そして保護者も、「男のくせに」「女のくせに」といった偏見や差別意識はないだろうかと自分自身に問いかけてみる必要があると思います。こうした差別意識や偏見から、自分の中にそもそも備わっている、〝裏切り者検出モジュール〟や〝サンクション〟の機能が働いてしまうのです。そして、たとえ自分の生徒であっても子どもたちと同様に、「あいつは暴言を言われてもしかたがない」と感じてしまうことがあるということを認識してほしいと思います。

２０１６年11月に、東京電力福島第一原子力発電所の事故後、横浜に避難している子どもがいじめられている事件が報道されました。子どもたちや担任から名前に〝菌〟をつけて呼ばれ、さらに、「賠償金をもらっているだろう」と言われ、加害者の子どもたちに総額１５０万円もの大金を渡していたというものでした。

この事例では、「賠償金をもらっているだろう」という悪口からも、背後には大人による〝妬み〟から誘発されたことも想像されます。

さらに、〝避難者〟という弱者の立場、そして〝菌〟という名前をつけていることからも、

〝放射線〟を連想させ、みんなとは違う特徴がある人という、異分子と規定するさまざまな要素が加わり、〝裏切り者検出モジュール〟により制裁行動の対象となってしまった。

さらに、子どもたち同士のいじめにとどまらず、〝集団による倫理観の低下〟も加わって、担任の先生もいじめを止めるどころか同調し、学級という集団全体からの、制裁行動の対象になってしまったと考えられます。

第二節　いじめがより深刻化するとき

小学校高学年から中学二年生に過激化する

子どもたちの間で起こるいじめの中でも、自殺にまで追い込むような過激ないじめは、小学校の高学年から、中学二年生に多くなると言います。

図6、7は、文部科学省が発表した「児童生徒の問題行動等生徒指導上の諸問題に関する調査」によるデータです。

教育現場における、いじめと年代間の相関関係については裏付けがないため、具体的な機序はわからないという前提付きではありますが、いじめや暴力行為が過激化しやすい、小学校高学年から中学二年生という年代は、身体が子どもから大人に生まれ変わる時期と重なります。

図6 「学年別いじめの認知件数のグラフ」

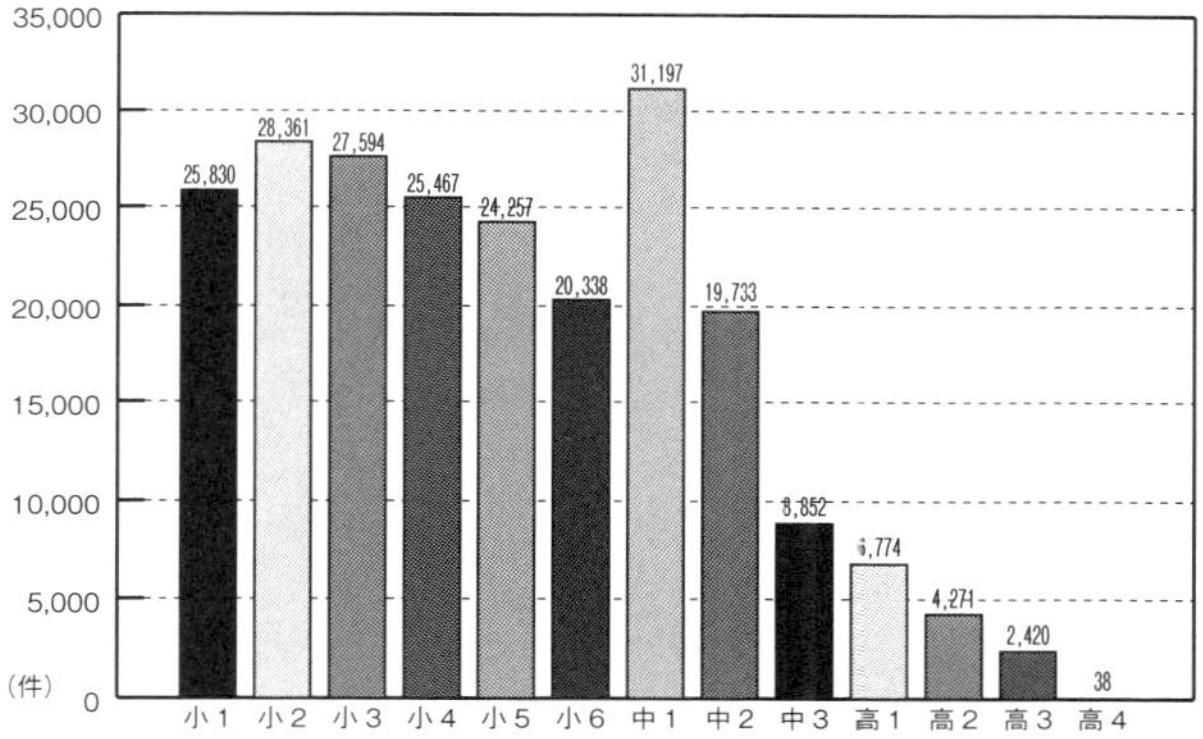

図7 小・中・高等学校における暴力行為の「学年別加害児童生徒数のグラフ」

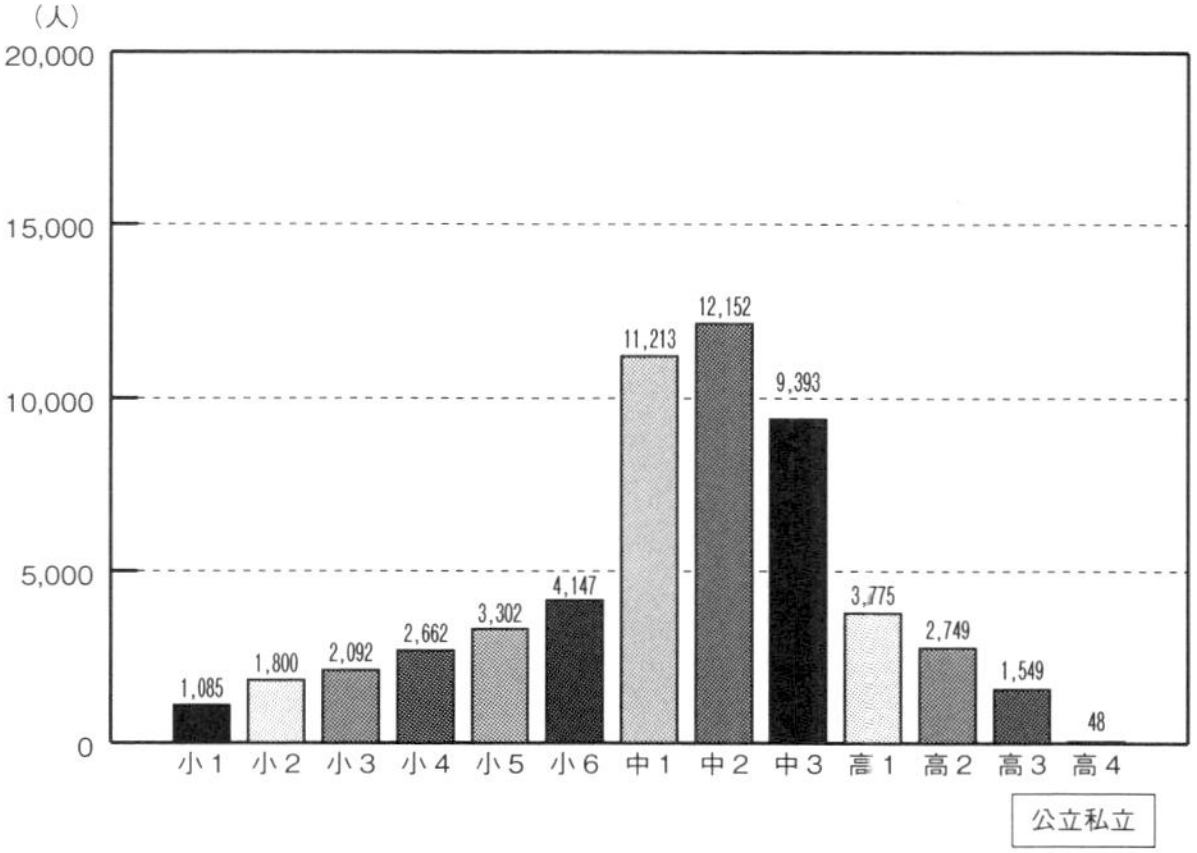

出典：平成27年度「児童生徒の問題行動等生徒指導上の諸問題に関する調査」について
(2017年2月28日公表 文部科学省初等中等教育局児童生徒課)

こうした体の変化には、性ホルモンが大きく関わっています。

人間の脳の仕組みというのは、生まれた直後に神経細胞が急激に増え、その後、すぐにその神経細胞の刈り込みが起こります。

その結果、脳の中には必要な仕組みだけ残っていくのですが、それと同じようなことが、この年代の子どもの前頭葉でも起こるのです。

保護者の方でも、この時期のお子さんの人格の激変に驚かれる方も多いのではないでしょうか。

一般的には、いわゆる反抗期の時期とか、思春期とか、心理学では自立の時代などと呼ばれる時期でもありますが、特に男子の脳の中で起こっていることは、性ホルモンである、テストステロンの変化です。

性ホルモンを人生の長い時期で見ていくと、特徴としてこの時期に特に増えることがわかっています。テストステロンの分泌量は、9歳から急激に増えて、15歳になるまでにピークに達します。9歳以前と比べると約20倍にもなるというデータもあります。

つまり、この時期の脳は新しく生まれ変わるほどの大きな変化があり、言動においても、まるで人格が変わってしまったかのような変化が起こっても不思議ではありません。

テストステロンとは、主に男性に多く分泌される男性ホルモンの一つです。男性の場合は約95％が睾丸（精巣）で合成され、分泌されると言われています。女性も男性よりは少ない量ですが、卵巣や副腎などで分泌されます。

テストステロンは、「陰毛やヒゲが生える」「声変わりが起こる」「睾丸や陰茎が発育する」など、思春期の少年の二次性徴の発現に影響を与える働きがあります。

さらに、テストステロンと暴力性の関係についてはよく知られていることですが、テストステロンは、支配欲や攻撃性といった男性的な傾向を強めるホルモンです。大人になってもある程度テストステロンの多い人、少ない人がいますが、テストステロンのレベルが高い人は、攻撃性が高くなり、他人を支配したり、出し抜きたいという気持ちが強い傾向があります。そして女性であっても、テストステロンの値が高い人は、攻撃的になりやすいのです。

話を少年期に戻しますが、テストステロンは男性に多く分泌されるホルモンなので、小学校高学年〜中学二年という時期の男の子は特に、自分でも理由もわからず、攻撃性が高まってくる可能性が高いのです。

とにかく「ムカつく」という状態で、手あたり次第に反抗、反発したくなるなど、攻撃したい衝動が高まっていくことに自分自身を持て余してしまうことも多いでしょう。

ですから、いじめの加害者側になってしまう生徒たちも、ひょっとしたら成長過程に必須のテストステロン増加による、自分の暴力性や攻撃性をうまく処理できなくて困っているのかもしれません。

同時に、この時期から脳内では、いわゆる情動の「ブレーキ機能」と言える前頭前野が育っていきます。

情動が激しくなる時期だからこそ、そのブレーキとしての前頭前野もまた育ってほしいものですが、ブレーキ機能が成熟するのは30歳前後です。ですから、まだこの時期は理性のブレーキは不十分で、極めて利きの悪いブレーキと言えます。

困ったことに、テストステロンによる攻撃性が高まるこの時期に、裏切り者検出モジュールと、その攻撃性が結びつくことで、制裁行動はより苛烈になります。相手を徹底的に叩きのめそうという気持ちが強くなるわけです。

当然良くない行動ではありますが、ブレーキが未完成なため、衝動を止めることが非常に難しいのです。

そのため、周囲の大人は、この時期の子どもに対して、脳が成長過程であることを踏まえた注意と対応が必要だと言えます。

小学校高学年から中学二年生までの年代の子は、言動をよく見守り、些細な〝からかい〟

や〝冗談〟〝ふざけ〟はもとより、さらには、〝プロレスごっこ〟など、普通に見れば〝遊び〟と思われる行為からでも感情を損ね情動を激化させやすく、トラブルが深刻になりやすいと認識しておくべき時期であることに、脳の発達段階を見れば気がつきます。

いじめが増える時期は、6月と11月

学校で学級崩壊が増えたり、いじめが発生しやすい時期は、5～6月や10～11月だと言われます。もちろん、いじめは一年を通して恒常的に発生していると思われますが、特に、この時期に学級が荒れる、子どもたちのトラブルが多発するのにはさまざまな理由が考えられます。

脳の状態から見た6月と11月は、〝安心ホルモン〟であるセロトニンの分泌量が変化する時期と重なります。

5月から6月、10月から11月というのは、日照時間が変わる時期にあたるので、セロトニンの合成がうまくできず、分泌量も減り、その結果、不安が強まり、〝うつ状態〟を経

験する人が散見される季節なのです。

〝安心ホルモン〟のセロトニンの不足は不安を招くだけではなく、暴力性を高め、過激なギャンブルにはまるなど、悪い結果になることを承知しつつも、それを止められない〝衝動性障害〟を招くことがわかっています。

人の尿中に含まれるセロトニンの代謝物を測ってみると、暴力性、攻撃性の高い人や、衝動性障害のある人ほど、尿中のセロトニンの代謝物が少ないことがわかっています。代謝物が少ないということは、その元であるセロトニンが不足しているということになります。

同じ人でもセロトニンの量が増える時期と減る時期がありますが、季節的には、6月や11月は減っていく時期です。

ですから、6月や11月というのは、セロトニンが減少することで、自分の心の変化、気分の変化に対して非常に敏感になりやすい時期になります。そして、不安を感じる人が多いだけでなく、さらに攻撃性の高まりを感じる人も増え、衝動性障害に悩まされる人が増えるということです。

嫌なものは嫌。やりたいことはどうしてもやってしまう。そんな時期です。そのためこの時期は、いじめに対する監視が厳しい学校だったとしても、〝隠れいじめ〟のようなことが起こることが想定されます。

セロトニンは、ストレスによっても影響を受けます。5～6月や10～11月にセロトニンが不足するとわかっていれば、あらかじめ、他の時期以上に、休みをとる、リラックスする時間を設けるという対処法も効果があります。しかし残念ながら、6月は祝日がなく、大人にとっても、子どもたちにとっても疲れがたまりやすい過酷な時期でもあります。

そういう意味でも、トラブルが増えてしまう時期と言えるでしょう。

特に女性は、男性に比べてセロトニンの分泌量が少なく、また食べ物の内容の影響をより受けやすいため、この時期、普段は気にしないような些細なことでも心配になったり、理由もないのに不安になってしまったりするのです。

そしてなぜ落ち込んだのか、その理由を後から無理やり探そうとしてしまい、さらにネガティブになってしまうこともあります。しかし、こうした季節と脳のメカニズムを知っておけば、ふと落ち込んだときにも少し気が楽になるのではないでしょうか。

また、落ち込んでしまったときの対処法、自分の心のケアの方法を見つけておけば、脳も元気になり、前向きになれるはずです。具体的には、落ち込んだときに相談するといつも共感してくれる人、もしくはそこに行けばリラックスできる、いつも前向きになれるという場所を見つけておくとよいでしょう。

学校では、5~6月や10~11月は、運動会など大きな行事が終わった直後です。運動会や学芸会は、集団行動が多く団結が求められる行事です。

そこでは、オキシトシンが高まり、ルールに従わない人や、みんなと違う動きをする人、クラスの役に立たない人が目立ちやすくなる状況を作ってしまいます。

そのため、あいつは攻撃してもいいんだという口実を見つけやすくなっている状況でもあります。

この時期に標的になってしまうと、いじめは過激化しやすいため、科学的にもそういう危険な時期であることが指摘されているのだということを念頭に置き、配慮していくことが大切です。

これは、もちろん標的になってしまった子のせいではなく、むしろいじめる側が、季節的な脳内ホルモンの変動も一因となって、自分の抱える衝動の持って行き場がなくなり、結果として起こってしまった事象と捉えるべきだろうと思います。

こうした時期に人間関係のトラブルを避けるためには、ちょっと不思議な言い方に聞こえると思いますが、仲間意識を不必要に高めすぎないという方法も有効なのです。

仲間意識を高めないためには、例えば、クラスの人間関係が入れ替わるようなイベントをするなど、集団が固定化し、関係が濃密になりすぎない工夫を取り入れるとよいでしょう。

またできるだけセロトニンの分泌を促すように、外で日光を浴びて体を動かすような運動を取り入れてみるのもよいでしょう。そのほかの手立てについては、第四章で解説します。

第三節　男女のいじめの違い

女性はグループを作り、男性は派閥を作る

ママ友同士など、女性は自ら集団やグループを作りつつ、その中でいじめが起こりやすいように感じられるのは、女性のほうがオキシトシンそのものの量が多いという事情があるからなのかもしれません。

そもそもオキシトシンは、子どもを産み、守ることを目的に分泌されるホルモンです。女性は、出産・育児をするため、他者からの攻撃に対して自分や子どもを守ることができない期間があります。

自分と子を守るためには集団でいるほうが安全です。女性のほうが多く分泌するというオキシトシンの特性、〝集団を形成する〟〝仲間を作る〟はここでも十二分に発揮されます。

ところが、オキシトシンの利点が生かされる一方で、同時に集団から外れることに対する

恐怖も大きくなっているのです。

そのため、自ら集団を作りつつ、自分が不利になりそう、自分の子育てに不利益を与えそうな人に対しては、集団の力を使って排除してもらおうと動いてしまうのです。

そういう意味では、最も本能に近い＝ホルモンの働きに忠実な環境になっているのが、〝ママ友社会〟かもしれません。


男性の集団やグループは、女性と違い、〝派閥〟を作るなど、ヒエラルキーを前提としていることが多いと言えます。男性はどうしても、肩書きや給料や学歴など、上下をつけたがる傾向があるのです。

敵対する派閥があれば、自分の派閥のほうが上でありたいと、優劣や順位をつけたがるのが特徴です。男性に多く分泌するテストステロンは、支配欲と攻撃性を強めるため、常に自分が上にいたい、もしくは、強い組織に属していたいという意識が高まってしまいやすいのです。

このような男性の特徴は、男性が持つ社会性の一つでしょう。所属する社会において、より支配的であるほうが、男性にとって自分や自分の家族、自分の集団を守るために安全であったからだと考えられます。

総じて、男性的派閥はヒエラルキーによる力で成り立っていて、女性的仲間は平等性や同一性を前提とする性質が強く見られるようです。従って、テストステロンの分泌が多い男性のグループは派閥的であり、それに対してオキシトシンの分泌が多い女性のグループは仲間的であると言ってもよいでしょう。

こうした理由から、男性グループでのいじめは力による〝パワハラ〟となり、女性のいじめは、みんなによる〝村八分〟となりやすいのかもしれません。

男性のほうが妬みを感じやすい

私は講演会などでよく「男性と女性とどちらの妬みが強いですか」という質問を受けます。

〝妬み〟という漢字には〝おんなへん〟がつくので、女性のほうが妬みが強いと思われがちですが、妬みという感情の性質から、男性のほうが妬みを感じやすいと言えます。

なぜなら、男性のほうが〝社会的報酬〟を感じやすい生き物だからです。

人間の脳には、〝報酬系〟という回路があり、ここが活動するとドーパミンが分泌され、非常に強い快感を呼び起こされます。食べ物を食べたり、セックスをしたときの快感は〝生理的報酬〟と呼ばれ、金銭をもらうことで得られる喜びは〝金銭的報酬〟と呼びます。

そして、人は、食べ物やお金をもらうときだけではなく、他人からほめられたり、良い評価を受けたりすることも報酬と感じるのです。

このように社会的に評価されることによって感じる喜びのことを、〝社会的報酬〟と呼びます。

例えば、仕事で認められたり、昇進することに喜びを感じるのは、単純に給料が上がるからではなく、〝社会的報酬〟をもらえるからなのです。

この社会的報酬は、人間にとって、さまざまな行動の原動力です。そして、競争に勝ちたい、頼られたい、誰かに認めてもらいたいといった〝社会的報酬〟を求める欲求は、男性のほうが強いのです。

男性が、女性から「すごい」とおだてられたり、「おねがい」と頼られるとつい嬉しくなって頑張ってしまうのは、承認という〝社会的報酬〟を得られるからです。

逆に、失職した場合、女性に比べて男性のほうが、より落ち込みやすいとも言えます。それは、会社や社会から「あなたは劣っている人間だ」「必要のない人間だ」と烙印を押されたような気になってしまうからです。

そのため、無用な努力だとわかっていても、会社に必要とされるため、頑張り続けてしまう……、そんな人を身近に見たことはないでしょうか。


男性ホルモンが高い男性は、〝社会的報酬〟が得られると感じられれば、ドーパミンが前頭前野を興奮させ、意欲的になります。そして自分の利益にかかわらず、人のために力を尽くそうとします。しかし、それが時にはネガティブな行動につながってしまうこともあります。

その例が、政党や企業内の派閥抗争や暴力団同士の抗争です。

台湾の鴻海《ホンハイ》精密工業による買収で注目されたシャープの内情にも、その例を見ることができるでしょう。

シャープという大企業の弱体化を招いた原因として、新たに鴻海精密工業からシャープの社長となった載正呉氏が２０１７年３月、就任後初の記者会見で述べた内容によると、シャープでは、社長派、副社長派に分かれて対立があり、ガバナンスが効いていなかったということです。

シャープの主要事業として、テレビ用液晶パネルと太陽光発電用パネルがありました。この２つは、製造工程で共有できるロジスティックスが多数あったにも関わらず、液晶パネルと太陽光パネルそれぞれを統括する社長と副社長が対立していたため、別々の工場で製造され、多くのユーティリティが共有されませんでした。

企業内で派閥を作ったり、権力抗争で、相手の足を引っ張るなど、会社の経営上に影響を与えるような強いネガティブ行動が起こるのは、〝組織の中で自分の存在意義を認めてもらうこと〟〝いかに強い組織に自分が属しているか〟が男性にとって、とても大事なことだからです。

そうした行動は、〝社会的報酬〟を感じやすい男性が引き起こす場合が多いと考えられます。

もちろん、〝社会的報酬〟を感じることが、すなわちシャープのような残念な結果をもたらすわけではありません。〝社会的報酬〟を感じて、モチベーションを高めるべき事柄を誤ったためであると言えます。

もし、社長派、副社長派が、自分の派閥ではなく、その上の集団、シャープそのものに対して社会的報酬を感じようとしていたとすれば、状況はまた変わっていたと思います。

男性の制裁行動は過激化する

集団内で〝裏切り者検出モジュール〟が働き、対象に制裁が行われようとするときに、その反動としてリベンジ＝復讐が予測される場合があります。

前述したように、いじめのレベルでは、リベンジを回避するためにそのリスクが低い対象を選ぶ傾向にありますが、規範維持のための裏切り者検出モジュールに引っかかるのは、必ずしもそうした対象だけではありません。〝規範〟に反するものの中には、リベンジする力を持っている存在がいることも当然あり得ます。

そのため、制裁行動が実行されるときには、ある程度の腕力をもって実行できる個体のほうが適しています。いわば「力ずく」で逸脱行動を抑えようという戦略です。

その視点で男女を比較すると、男性のほうが筋力が強いために、「力ずく」戦略の遂行者としては適任です。

暴力としてのサンクションを担ってきたのも男性です。今日でも制裁行動を起こそうとする感情のスイッチは男性のほうが入りやすく、さらに過激化しやすく、制止しにくいのはこのためです。

なかなか困った男性の特性のように見えますが、集団を守るためという視点から見れば、制裁行動が中途半端で終わることは好ましくなく、それを完遂することが集団への寄与になるという事情があったからです。

男性の場合は、いじめ、体罰、パワハラ、モラハラといった、自身のネガティブな感情からくる他者への攻撃が、身体的な強さを裏付けとして過激化し、時として暴力をも伴った問題行動につながるケースが多出するのです。

女性のサンクションは巧妙化する

腕力の行使に適さない女性が制裁行動をとる場合には、リベンジを受けて返り討ちに遭う確率も高くなります。従って制裁行動は相手から見えない、匿名化された形になりやすいでしょう。

また、女性の脳を機能の面から見ると、セロトニンの量が少なく、比較的不安になりやすい性質が強くなります。

そのため、将来的なリスクを男性よりもより敏感に予測し、慎重に行動しようというブレーキが働きます。女性のほうが男性よりも現実的だと言われるのはこのためでしょう。

このように制裁行動の戦略も、女性の場合はよりリベンジを受けにくい、巧妙な形をとるということになります。

そういう意味では、ネットや言葉による陰湿ないじめ、言葉巧みに第三者を使って攻撃するといった間接的な制裁行動につながりやすいと考えられます。

若い女性は〝嫉妬〟を受けやすい

新入社員の女性が、先輩女性や女性上司から、他の人よりも厳しい指摘や指導を受けたり、若い女性教師が保護者から厳しい目を向けられたりといったことは広く見られる現象なのではないでしょうか。

女性同士の場合では〝若さ〟も嫉妬の対象となります。

さらに、互いの関係において、〝類似性〟と〝獲得可能性〟が高くなるときに、〝妬み感情〟が強まることは本書の中でも説明してきたとおりです。

若い女性教師と同世代の保護者の場合、保護者の中には、女性教師と同等またはそれ以上の学歴を持ち、仕事をしているお母さん方も多いでしょう。

教養とキャリアという点で、先生とは類似性があり、従って、先生の行っている任務には手が届きそうだという獲得可能性も高くなります。

しかし、実際には保護者である母自らが教鞭をとるわけにはいきません。その事実によって妬み感情が生起するという構造ができてしまいます。

しかし、この獲得可能性と類似性を低くすることができれば、妬み感情を尊敬と憧れに変えることができます。

どうすれば獲得可能性と類似性を低くすることができるのか？　その対応策は第四章で解説します。

サイコパスはいじめに参加しない

本章でも説明してきましたが、男性が多い職場ではどうしても妬みの感情が強まりやすく、また、妬みの対象が失敗を犯したときに感じる喜び（シャーデンフロイデ）が大きくなりやすいために、組織内で互いに足を引っ張り合おうとする傾向があります。

ところが、集団への帰属によって行動を左右されたり、制裁行動を行っても快感を感じたりしない人たちが存在します。

制裁行動は、利己性を起源とした行為ではなく、集団のために行われる、いわば、「社会正義」です。ところが、彼らはより合理的に考えるわけです。「自分がこの人を攻撃したところで、自分にとっては何もメリットはない」「炎上に同調するなんてバカバカしい」と冷ややかな態度をとり続けたりします。

制裁行動は、集団のためにはなるけれど、自分のためには一円の得にもならず、自分の時間を奪われるだけの損な行動だと理解をしているのです。

一見冷静で寛容で大人のふるまいのように見えますが、実はそうとも言い切れません。この人たちはある特徴を持った脳の持ち主たちであることがわかっています。

それが〝サイコパス〟です。

もともとサイコパスは、連続殺人犯など、反社会的な行動をする人格を説明するために開発された概念です。

しかし、近年の研究により、サイコパスは残虐な犯罪者ばかりではなく、大企業のCEOや外科医といった、思い切った決断・行動が求められる職種の人にも、高い確率で存在することがわかってきました。

サイコパスに共通するのは、脳の中で他者に対して共感したり、痛みや恐怖、恐れといった情動が弱いということです。

そのことが要因となって恐怖や不安よりも、合理的な判断力が働き、普通の人ができないような反道徳行為や、大胆な決断ができるのも、サイコパスの特徴です。

サイコパスはおよそ100人に1人の割合で存在すると言われています。本当に社会に害をなすばかりであれば、このような高確率でサイコパスが存在することの説明はつきにくいでしょう。サイコパス的な存在も、人間という種を保存するためには有益だったと考えることができるかもしれません。

そしてヒトが持つ、向社会性のひずみであるとも言えるようないじめの構造ですが、反社会性の高いサイコパスにとっては、特に興味をそそられるようなものとは言えないのだろうと考えられます。

第四節　学校現場のいじめの現状

文部科学省のいじめ対策の現状

ここからは、日本の学校現場におけるいじめ対策の現状について考えていきます。

２０１１年に滋賀県の大津市で、中学二年生の男子がいじめを苦に自殺した事件は大きな話題となりました。『大津市中二いじめ自殺事件』です。

当時、少年が受けたいじめは、身体を縛られ口に粘着テープを貼る、集団リンチまがいの暴行を受けるといった暴力被害や、金銭要求、万引きの強要といった酷いものでした。

少年は先生に相談したにもかかわらず、学校はいじめとは認識せず、適切な対応をとりませんでした。

そして少年は自殺。しかし、事件が発覚した後も、学校と市の教育委員会は〝教育的配慮〟から加害者の生徒への聞き取り調査は実施せず、学校内の調査自体も3週間という短期間で打ち切っていたことが明らかになりました。

こうしたことから、学校と大津市教育委員会のいじめに対する対応と、その隠蔽体質が問題視され、大きく報道されたのです。

この事件を契機として、2013年、『いじめ防止対策推進法』が施行されました。

これにより、法律としていじめが定義付けられ、国、地方自治体、学校、教員、保護者それぞれが、いじめ防止に責任を負うことが明文化されました。

『いじめ防止対策推進法』における、いじめの定義とは次のようなものです。

●いじめの定義
「いじめ」とは、児童等に対して、当該児童等が在籍する学校に在籍している等当該児童等と一定の人的関係にある他の児童等が行う心理的又は物理的な影響を与える行為（インターネットを通じて行われるものを含む。）であって、当該行為の対象となった児童等が心身の苦痛を感じているものをいう。

そして、2017年3月には、文部科学省が「いじめの重大事態の調査に関するガイドライン」（以下「ガイドライン」）を策定しました。

「ガイドライン」の策定は、『いじめ防止対策推進法』が施行されたにもかかわらず、自殺のような〝重大事態〟が減らないことを国が憂慮したことがきっかけです。その原因として教育委員会や学校などの教育現場が、法律に従った有効な手段を講じていないと厳しく指摘した上で、〝重大事態〟を的確に察知して報告するための方法を示しました。

『いじめ防止対策推進法』においての、いじめの「重大事態」の定義とは

●いじめの重大事態の定義
・いじめにより当該学校に在籍する児童等の生命、心身又は財産に重大な被害が生じた疑いがあると認めるとき。
・いじめにより当該学校に在籍する児童等が相当の期間学校を欠席することを余儀なくされている疑いがあると認めるとき。

となっています。

さらに、ガイドラインでは「改めて、重大事態は、事実関係が確定した段階で重大事態としての対応を開始するのではなく、『疑い』が生じた段階で調査を開始しなければならないことを認識すること」としています。

重大事態の発生報告については、次のように明記されています。

重大事態の発生報告（発生報告の趣旨）

学校は、重大事態が発生した場合（いじめにより重大な被害が生じた疑いがあると認めるとき。以下同じ。）、速やかに学校の設置者を通じて、地方公共団体の長等まで重大事態が発生した旨を報告する義務が法律上定められている。この対応が行われない場合、法に違反するばかりでなく、地方公共団体等における学校の設置者及び学校に対する指導・助言・支援等の対応に遅れを生じさせることとなる。

大津市の事件では、いじめの発生について、生徒本人から担任の教師に対して、同級生から暴行を受けた報告があったにもかかわらず、担任はいじめとして認知し、適切に対応していませんでした。また、被害者が自殺した後で学校が実施したアンケートでは、いじめの事実について書かれた回答があったにもかかわらず、学校はその事実を公表しませんでした。

『いじめ防止対策推進法』でも、学校が講じるべきことの一つに、〝いじめの事実確認〟

が挙げられていますが、その具体的な方法は教育現場に任されていたため、対策を講じる温度差は、各自治体の教育委員会や学校によって異なりました。

従って、たとえ本人から「いじめられている」という相談があったとしても、それだけで、学校が直ちに対応に乗り出すということは多くはありませんでした。

それに対して、「ガイドライン」では、本人や保護者からの申し立てだけでも、直ちに対応すべきとして、

> 被害児童生徒や保護者から、「いじめにより重大な被害が生じた」という申立てがあったときは、その時点で学校が「いじめの結果ではない」あるいは「重大事態とはいえない」と考えたとしても、重大事態が発生したものとして報告・調査等に当たること。児童生徒や保護者からの申立ては、学校が知り得ない極めて重要な情報である可能性があることから、調査をしないまま、いじめの重大事態ではないとは断言できないことに留意する。

としています。

仙台市のいじめの例

「ガイドライン」の策定からわずか1か月後、2017年4月に宮城県仙台市の中学校で、二年生の男子生徒がいじめを苦に自殺する事件が起こりました。そして、またもやこの事件でも学校と市の教育委員会の対応が問題となります。

市の教育委員会が最初の記者会見を行ったのは、事件から3日後。このときは教育長や校長らはいじめについて、「はっきり断定したものはない」「いじめではなく生徒間のトラブル」と発表しました。

しかし、翌日、教育長は前日の発言から一転「いじめという認識があった」と認めました。

校長も当日夜の保護者説明会の後の記者会見で、「いじめと言うべきだったと反省している」と話したそうです。

そして、事件は想像以上に醜悪な事実を露呈することになります。自殺した被害者生徒に対して、女性教諭が口にガムテープを貼る、さらに自殺前日も男性教諭が握り拳で頭を殴るという暴行を行っていたことも判明したのです。

仙台市ではこの事件以前の２０１４年、２０１６年にも、同市内の中学校で生徒がいじめを苦に自殺し、いずれも学校と市の教育委員会の対応が批判されていました。

「いじめゼロ」を目指すことで生まれる矛盾

仙台市の例は、「ガイドライン」が策定されて間もなく、周知徹底がされていなかったということもあるかもしれませんが、教育委員会や学校の対応を見ていると、いじめがあったという事実に対して、「認知しよう」「報告しよう」という意思が薄かったのではないかと疑いたくなります。

116～117ページの図8は、2017年に文科省が発表した「いじめの認知（発生）件数の推移」です。

このグラフからわかることは、2015年度に全国の小・中学校や高校などでのいじめの認知件数は22万5132件と、前年度を上回り、過去最多となりました（前年度18万8072件）。

その一方で、「重大事態」の発生件数は、314件のみで、前年度を下回りました（前年度449件）。

こうした結果を見ても、やはり矛盾を感じるのです。

文科省としては、いじめや、重大事態が発生したら、速やかに報告してほしいと考えているのかもしれません。

しかし、別の言い方をすれば、いじめの認知件数がもっと上がったほうがよいと考えているのでしょうか？　下がったほうがよいと考えているのでしょうか？

いじめはないほうがよいけれども、もしあったら報告してほしいというのは、やはり矛盾したメッセージなのです。

もちろん、「いじめのない学校」を目指すことは、学校の目標としては当然あるのでしょう。しかし、「いじめゼロ」を目指すということは、いじめはあってはならないことになります。だから、もしいじめがあっても、学校としては「いじめである」ましてや「重大事態である」と認めることに慎重にならざるを得ません。

学校は、いじめがなかったらなかったことにしたいというのが本音のはずです。いじめがあれば、学校の評価も下がるでしょうし、自分の評価も下がります。そして、調査の実施、報告書の作成、保護者への説明など、仕事が増えるだけです。

さらに、加害者やその保護者が、自分たちが犯人扱いされたことを不服としてモンスターペアレント化し、学校に逆ギレと思えるような苦情を突きつけることに悩まされるケー

図8　いじめの認知（発生）件数の推移

（件）

２年度	３年度	４年度	５年度
9,035	7,718	7,300	6,390
13,121	11,922	13,632	12,817
2,152	2,422	2,326	2,391
24,308	22,062	23,258	21,598

11年度	12年度	13年度	14年度	15年度	16年度	17年度
9,462	9,114	6,206	5,659	6,051	5,551	5,087
19,383	19,371	16,635	14,562	15,159	13,915	12,794
2,391	2,327	2,119	1,906	2,070	2,121	2,191
123	106	77	78	71	84	71
31,359	30,918	25,037	22,205	23,351	21,671	20,143

23年度	24年度
33,124	117,384
30,749	63,634
6,020	16,274
338	817
70,231	198,109

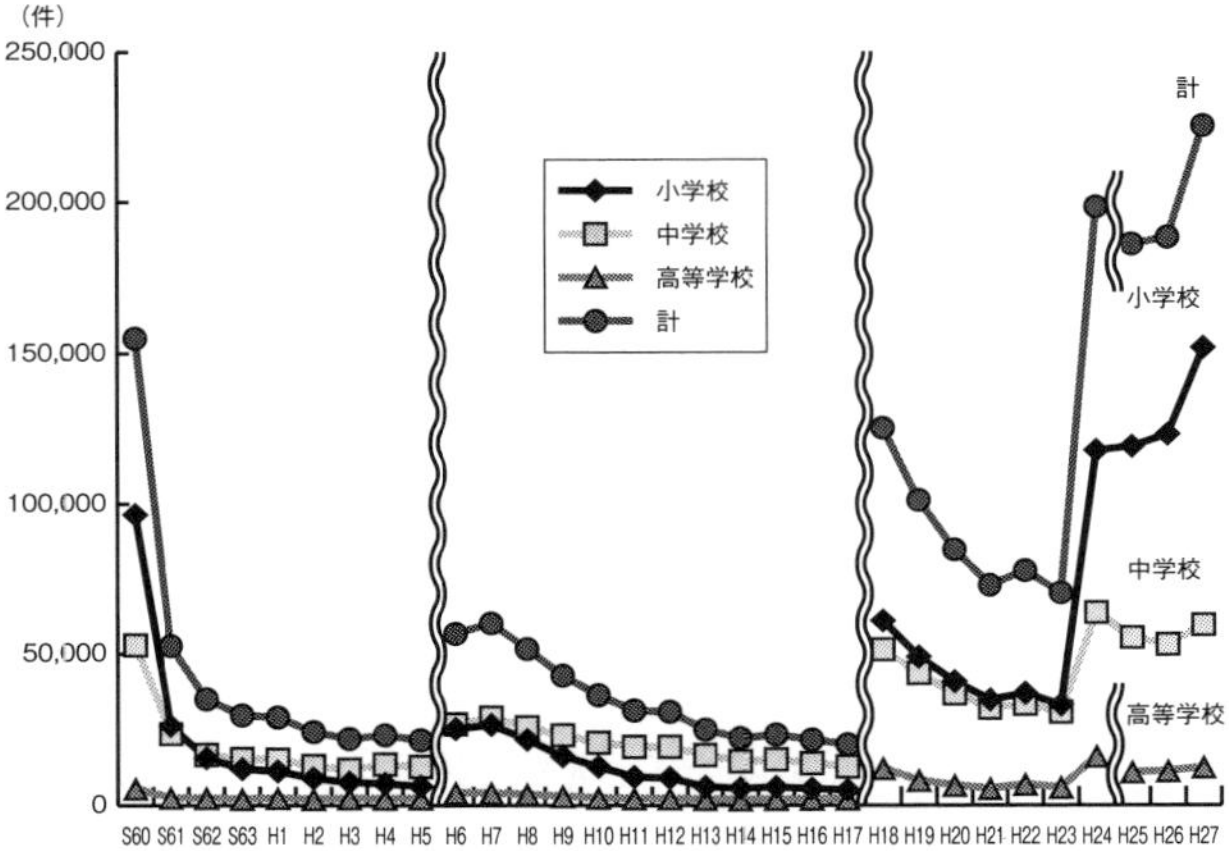

	60年度	61年度	62年度	63年度	元年度
小学校	96,457	26,306	15,727	12,122	11,350
中学校	52,891	23,690	16,796	15,452	15,215
高等学校	5,718	2,614	2,544	2,212	2,523
計	155,066	52,610	35,067	29,786	29,088
	６年度	７年度	８年度	９年度	10年度
小学校	25,295	26,614	21,733	16,294	12,858
中学校	26,828	29,069	25,862	23,234	20,801
高等学校	4,253	4,184	3,771	3,103	2,576
特殊教育諸学校	225	229	178	159	161
計	56,601	60,096	51,544	42,790	36,396
	18年度	19年度	20年度	21年度	22年度
小学校	60,897	48,896	40,807	34,766	36,909
中学校	51,310	43,505	36,795	32,111	33,323
高等学校	12,307	8,355	6,737	5,642	7,018
特別支援学校 （特殊教育諸学校）	384	341	309	259	380
計	124,898	101,097	84,648	72,778	77,630
	25年度	26年度	27年度		
小学校	118,748	122,734	151,692		
中学校	55,248	52,971	59,502		
高等学校	11,039	11,404	12,664		
特別支援学校	768	963	1,274		
計	185,803	188,072	225,132		

（注１）平成５年度までは公立小・中・高等学校を調査。平成６年度からは特殊教育諸学校，平成18年度からは国私立学校，中等教育学校を含める。

（注２）平成６年度及び平成18年度に調査方法等を改めている。

（注３）平成17年度までは発生件数，平成18年度からは認知件数。

（注４）平成25年度からは高等学校に通信制課程を含める。

出典：平成27年度「児童生徒の問題行動等生徒指導上の諸問題に関する調査」について
（2017年２月28日公表　文部科学省初等中等教育局児童生徒課）

スも多いようです。

先生方も、本心から、自分のクラスでいじめられている子がいたら、すぐに報告してほしいと思っているのでしょうか？

「いじめのあるクラスの教師は指導力がないと言われるのではないか」といった〝上〟や世間の目を気にするがあまり、子どもたち同士のからかい合いで済ませたい。一度相談があっても、二度目の相談がなければ、いじめは収まったものと思いたい、という意識が働いてしまうこともあるでしょう。

被害者も加害者もどちらも自分の生徒です。いじめの場合は、通常は被害者よりも加害児童のほうが多数になります。いじめの調査、指導をすることは、自分のクラスの大勢の子どもたちや、そしてその保護者を敵に回すことにつながりかねません。

つまり、いじめを検出するためのモチベーションが、学校も先生方も決して高くはなりえない。いくら、本人や保護者から訴えがあっても、「いじめではなく、単なるからかいであってほしい」「注意喚起で収まってほしい」と願い、本気で認知しようとはしないのです。そして、「いじめ」ではなくて、「いじり」でしたなどと言い方を変えて、なかったことにされてしまうのです。

これは横浜市の待機児童の問題と同じです。「待機児童ゼロを達成」と言っても、「保育所に入れず育休をやむをえず延長した場合」や、「自宅で求職中の場合」は「待機児童」に含めず、「保留児童」として名称を変え、カウントしないだけ。実態は変わっていないにもかかわらず、目標は達成されたことになってしまうのです。

この問題は、先生方や学校だけが悪いわけではありません。学校に、いじめを報告する努力が報われる環境がないことが問題なのです。

教育行政の末端にある現場の教育関係者にとっては、いじめを「認知」し「報告」することは、自らのマイナスポイントを報告し、責任をとるためにするようなものですから、素直に〝上〟に報告することは難しいことだと思います。

文科省は「ガイドライン」で指導するだけでなく、それを運用する現場の人間＝教育関係者にとっても、よりモチベーションが高まる仕組みを担保する必要があると思います。

傍観者が通報すればいじめは減るのか

いじめの加害者の周りには常に、傍観者となりうる人たちがいます。この中からいじめを通報してくれる人がいれば、もっと速くいじめが解決するだろうと思う人もいるでしょう。さらに、「傍観者は加害者と同じだ」と指摘する人もいます。

図9　クラスの誰かが他の子をいじめているのを見たときの対応の構成割合

（単位：%）

対　応	平成16年	平成21年 総　数	男	女	小学校5～6年生	中学生	高校生等	就職・その他
総　数	100.0	100.0	100.0	100.0	100.0	100.0	100.0	−
「やめろ！」と言って止めようとする	18.0	16.9	21.6	11.6	24.1	13.4	15.1	−
先生に知らせる	21.4	25.7	26.1	25.3	39.7	25.1	14.8	−
友達に相談する	36.2	36.4	25.9	48.0	22.1	39.7	44.3	−
別に何もしない	24.4	21.0	26.3	15.1	14.1	21.8	25.8	−

注：「高校生等」とは、「高校生」、「各種学校・専修学校・職業訓練校の生徒」の合計である。

出典：厚生労働省「平成21年度 全国家庭児童調査」より

厚生労働省の調査によると、いじめられているクラスの子を見たとき、「先生に知らせる」という子は、小学生から中学生、高校生になるにつれ少なくなり、「別に何もしない」子の割合が増えていく。つまり、傍観者は年齢が上がるにつれ増えていくことがわかった。

図9は、厚生労働省が調査した、全国家庭児童調査による、「クラスの誰かが他の子をいじめているのを見たときの対応」に関するデータです。この調査によると、小学校から中学校にかけて「『やめろ！』と言って止めようとする」人や、「先生に知らせる」という、いわゆる通報者の数は減少し、「別に何もしない」という傍観者の割合が増加していくことがわかります。

これは当然の結果かもしれません。集団の中で、通報者は最も嫌われるタイプの存在です。さらに、自分も標的になるリスクは高く、最も損な行為なのです。心配性の国、日本においては、恐らく増えないだろうと思います。

海外では、リーダーシップをとった人のほうが、後々信頼を得やすいということから、仲裁する人のほうが得であるという考え方もあるでしょう。そのためにコミュニケーションを高める教育を受けています。

しかし、日本では、沈黙は金、というように、仲裁する人よりも、傍観した人が最も得をしやすい社会なのです。

120ページの図9から推察されるとおり、日本でいじめが激化しやすい要因の一つは、同調圧力という向社会性です。先生すらも傍観者にさせてしまう同調圧力の強さが示唆されます。

みんながいじめている。周りがいじめているのだから、自分たちも参加しておかないと次には自分が標的になる。また、みんなが見て見ぬふりをしているのだから、自分がリスクを負って通報するよりも、みんなと同じように振る舞おう、そういう周囲の流れに流されてしまうのです。

人を排除しようという現象は日本だけでなく、どこでも起こりうることです。しかしながら、それが陰惨な事件につながっていくか、いかないかには、大きな違いがあります。日本では、この同調圧力が、いじめの激化をもたらしていると言えます。

第四章
いじめの回避策

第一節　大人のいじめの回避策

女性が女性の妬みを煽らない方法

ママ友同士で仲間外れが起きたり、若い女性社員や女性教師に対して、同僚や女性の保護者が集団で言いがかりをつけるといった、女性同士のいじめの場合は、まず「同性である」ことから、「妬み」と「嫉妬」の両方を買いやすい状況があると考えられます。

お互いの関係において、〝類似性〟と〝獲得可能性〟が高くなるときに、妬み感情が強まることは前述しました。

妬み感情は人間が本質的に持っている感情なので、まともにぶつかるのは逆効果。できるだけ妬み感情を抱かせないようにするためには、類似性と獲得可能性を下げる工夫が有効です。

類似性を下げる方法の一つは、単純ではありますが、服装などの外見や言動などにおいて、「若さ」や「女性らしさ」を前面に出さないことがポイントになるでしょう。

例えば、髪の毛を短くするのもよいでしょう。声も重要な留意点です。高い声は若さを強調し、同性の反感を買いやすいため、もしご自分が高い声だと認識している方は、できるだけ低い声で、ゆっくりと落ち着いた話し方を心がけるとよいでしょう。

少々窮屈に思われるかもしれませんが、扱いの面倒な嫉妬感情や妬み感情を煽らないために、これも生きる知恵の一つだと割り切ってしまいましょう。

プロ意識を見せ、獲得可能性を下げる

次に、獲得可能性を下げるための方法です。これは「あの人には敵わない」と思わせることが最も効果的です。

自分はこの仕事や分野に関してはプロフェッショナルである、ということを見せる演出を心がけましょう。

例えば、教師であれば保護者から不安の声が上がったり、不信感からクレームを受けても、「以前は◯◯が常識でしたが、最近の研究結果では△△という研究結果が出ています」など、数字やデータを用いて理論的に説明・反論できるようにしておくとよいでしょう。

保護者からよく質問されることや、保護者が不安に感じやすいトピックには恐らくある程度パターンがあると思います。あらかじめそのパターンを先輩の先生方にヒアリングし、シミュレーションしておくのもおすすめです。

中には教師の言動を糾弾したがる保護者がいるかもしれません。

そのような保護者に対しても、最新の研究結果を示すことで、誰かを責めるような話題から、「その解釈は研究データに照らし合わせると、果たして妥当なのでしょうか？」などと上手に話題をそらして、より有益な議論に移すことがしやすくなります。

また、「学校としてできる分野はここです。ここはプロフェッショナルな教師にお任せください。しかし、教師の手が届かないのはここです。そこはご家庭の協力が必要です」など、家庭と学校のそれぞれの役割を図解して説明するなどして、協力と理解を求めるのもよいでしょう。

自虐ネタの達人になる「アンダードッグ効果」

妬み感情と敵対しないためには、「この人は自分の領域を侵さないだろう」「自分の敵にはならないだろう」と思わせることも有効です。

そのためには、「自分は完璧な人間ではありません」ということをアピールする、わかりやすい自分の〝負の部分〟を相手にさらけ出すのも効果があります。

相手に攻められても、それほど心が痛まないような自分の傷をあえて見せてしまうのです。心理学で「アンダードッグ効果（相手に自分の腹を見せること）」と言われるものです。

最近では、東京都知事選の際に話題になった小池知事の対応が参考になります。「厚化粧だ」という罵倒ともとれる指摘に対し、小池知事は自らご自身の顔の痣についてお話しになられました。

容姿に恵まれ、賢く、仕事ができる女性は、それだけで人から妬まれてしまうことがあります。しかし「自分の顔には痣があり、だから化粧を濃くしているのです」と、わざわざ自分の負の部分を公にしたことが、特に女性からの好感度を上げることにつながりました。

ママ友の仲間には「子どもには人気がありますが、異性からの人気はイマイチなんです」とか、「実家がものすごく貧乏な中、苦労して育ったんです」と伝えてみたり、会社の同僚や先輩には、「実はおじさんの受けが悪いので、出世はとても望めません」など、自分だけが得をしているのではないかと疑われがちな部分を相殺できるような、自分の負の部分（もちろん創作はしないほうがよいですが）を相手に見せられるとよいのではないでしょうか。

相手と自分の感覚の違いを知る

女性でも男性でも、職場の人間関係がうまくいかない、気をつかっているつもりなのに、自己中心的だと言われ、いつも嫌われたり、パワハラやいじめを受けてしまう……。そんな経験をして悩んでいる人もいるのではないでしょうか。

世の中に苦手な人がいない、という人はいません。同じ職場でも自分と合わない人がいるのはしかたのないことです。

自分にとって苦手な人というのは、多くの場合は相手も自分に対してネガティブな感情を持っています。

特に若い人は、なぜ、相手が自分を気に入らないのかがわからない人が多いようです。それは、「自分の感覚」と「他人の感覚」では基準が違うということに気づいていないか、もしくは相手の目線が自分のどこに向けられているのかに気づいていないのです。

相手に好かれようと思ってゴマをすっても、ゴマをすられるのが好きな人もいれば、嫌いな人もいます。

価値観は人それぞれなので、上手に人間関係を築くためには、相手の基準とうまく間合いをとりつつ付き合うことが大事です。

これには経験が必要で、経験が浅いうちは失敗を重ねながら、「ちょうどよい間合い」というものを少しずつ学んでいくしかありません。

「メタ認知」を高め、60％の間柄になる

人間関係も仕事も若いうちは失敗が許される時期なので、どんどんチャレンジをしてほしいと思います。しかし、できるだけ敵は作りたくないという人も多いでしょう。

確かに、職場の全員と仲良くなる必要はありませんが、嫌われてもこじれないようにする、陰湿ないじめやパワハラなどで必要以上に攻撃されないための方法というものを知っておくことは必要かもしれません。

人間関係を改善するためには、「メタ認知」を高めるという方法があります。メタ認知とは、自分自身を客観視する能力のこと。

簡単に言うと、自分を「斜め上から目線」で観察し、自分の行動を考えたり制御したりすることです。自分はどういう類いの人間で、周りからどう見えているのか、どう思われているのか、自分の発言で周りの人にどういった影響を与えるのかなどを考えながら、自

分のとるべき言動を判断するのです。

さらに苦手な人（上司など）が気に入っている人はどんな人かを観察し、その人の振る舞いを分析してみるのもよいでしょう。

そうすると、上司が「気に入る人のタイプ」とともに「許せない人のタイプ」も見えてくることがあります。

「真面目な人は好きだが、几帳面すぎる人は嫌い」「要領の良すぎる人のことは癪に障る」など、一般の感覚とは違う、その上司の基準というのがあるはずです。

もちろんその基準に自分を無理に合わせることはありません。ただ、その人の基準がどうであるかを知っていれば、その基準に対し、自分には何が当てはまり、何が足りないのかを見つめ直すことができ、間合いのとり方も見えてくるのではないでしょうか。

苦手な人と仲良くなろうと無理をするのではなく、適度な距離を保ち、お互いに傷つけ合わないことを目指す〝60％の仲〟を目指すといった気持ちで対応していくとよいでしょう。

相手に求める「誠意」には、男女の違いがある

執拗な苦情やクレームに悩まされるケースも多いでしょう。徹底的に相手を責め、処罰しようという行為は、いじめと同じです。

近年、職場の苦情が増加する状況を裏付けるデータとして２００９年に刊行されたのが『日本苦情白書』です。これは苦情・クレーム対応アドバイザーの関根眞一氏が、全国の多様な職種の人に実施したアンケート結果をまとめたものです。

『日本苦情白書』によると、「近年、自分の職場で苦情が増えていると思いますか？」という質問に対して、「思う」と回答したのは、回答者数約５０００人のうち、全体で約４割。そして、苦情が増えていると答えた人が多い職場は、１位が「教育」（53・７％）、２位が「病院」（50・８％）、３位が「行政」（41・１％）という結果でした（次ページ図10参照）。

図10　苦情クレーム心理分析グラフ

Q：近年、自分の職場で苦情が増えていると思いますか？（職域別アンケート結果）

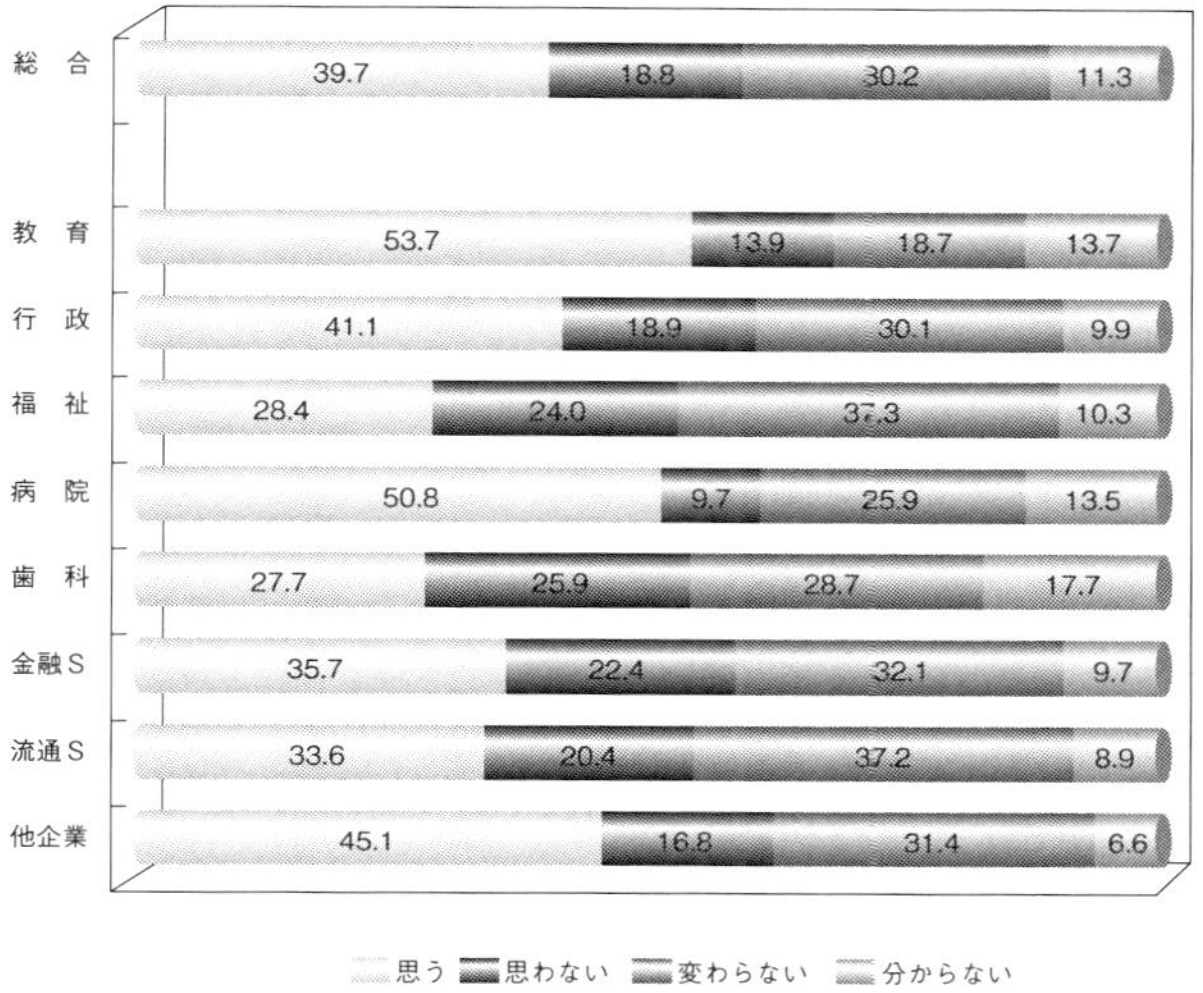

出所：『日本苦情白書』図表6－Ⅰ－1
注：回答者数：4984人

「担任の対応が許せない。土下座して謝れ」

「うちの子どもには合わないので、担任を代えてほしい」


学校や教育委員会には日々、このような常識では考えられないような苦情が増えているそうです。そして理不尽なクレームで教師を責め立てる「モンスターペアレント」によって、精神を患い、休職を余儀なくされる先生方も後を絶ちません。

こうした苦情やクレームは、ただ頑張るだけでは解決できる問題ではありません。どのような対応が適切なのでしょうか。


対応策は、『日本苦情白書』のアンケート結果から読み取ることができます。まず、男女の苦情対応に関する感覚には違いがあるようです。

苦情を言う人はよく、「誠意を見せろ」という言い方をします。この場合の「誠意」について調査するため、『日本苦情白書』において、「『誠意』とは何だと思いますか？」という質問をしました。すると、男性は、「正直」と回答した人が28・4％で最も多く、女性の場合は「話を聞く」と回答した人が25・2％で最も多いという結果になりました。

この調査によると、男性が苦情を申し立てるときには、「正直」に語る潔さを見せることが、相手の感情を鎮静化する適切な対応と言えるでしょう。

例えば、男性の保護者から「どうして自分の子どものことをこうしてくれないのですか？」というクレームがあったとき、その要望が自分の能力を超えている場合には、正直にそのことを伝えることも大事なのかもしれません。

そもそも、フグを捌く免許を持っていないのに頼まれたからと言ってその能力もないのに捌いて、その結果、相手がフグの毒を口にして死んでしまったとしたら大変なことです。能力相応のこと、自分にはできないことは何なのかを日頃から把握しておくことも大切なことです。

特に問題を抱え込みやすい傾向のある人はより注意が必要です。すべてを自分の力で解決しようとしないことがよりよい結果を生むことがあると考えて、適切に対処しましょう。先生であれば、家庭と学校、他の機関との役割を分ける。管理職と担任の役割も分け、管理職や外部の機関に対応してもらうべきことは対応してもらいましょう。

また、現段階では対応ができない課題に対しては、「この課題は、今は各学校や教育界でも議論される段階です」と現状を素直にお伝えするほうが理解を得やすい場合もあります。これもいわゆる相手に自分の腹を見せる「アンダードッグ」効果の応用です。業界的にも、自分自身も、まだ手探りの状態であることを正直に伝えた上で、「この学校では、こうした理由から、こういう方針をとっています」と、現段階の方向性をその理由とともに伝えましょう。

女性のクレーム対策は、「共感」がキーワード

女性に対しては、話を最後まで聞き、クレームの背景にある不安な気持ちに「共感」す

ることが有効です。これは、女性が男性に比べてセロトニンの合成能力が低いために、不安感をより強く感じてしまうという特性に配慮した対応策でもあります。女性からの苦情には多くの場合、その背景に「不安」があると考えましょう。

例えば、保護者が先生や学校に対して不信感を持つとき、「自分の子どもが蔑ろにされているのではないか」という被害者感情が根本的背景としてあることも多いのではないでしょうか？

特に、女性は家庭生活の中でも、私のことを馬鹿にしている、蔑ろにされている、と感じたときに怒りが爆発します。つまり、保護者には「自分の子どもは他の子よりも損をしているのではないか。私が怒ることで、それが解消されるのではないか」という間違った認知があるのかもしれません。

この場合は、「あなたのお子さんは損をしていませんよ。現在はこういう状況ですよ」ということを具体的に伝えることが一つの解決策です。

これは病院でもよくあることです。「先生（担当医）は、他の患者さんばかり見て、私の夫のことを見てくれていない」といったクレームに対しては、治療のプランを見せながら、「今はこういう段階で、これ以上のことをしても逆効果であり、ご主人を疲弊させるだけです」と説明すると理解されやすいのです。

学校でも、「お子さんは、他の子に比べて〜が優れています。〜については今のところ様子を見ているところです。なぜならこれ以上のことをすると、本人にプレッシャーを与えるだけで良い影響は見込めないからです。今はよく観察し、様子を見ながら、本人の気持ちも確かめているところです」と、先生にしかわからない子どもの良さを伝え、その子に対する教育プランを見せられると安心感を高められると思います。

大切なのは、相手に安心してもらうためのポイントを押さえるということ。

要望に応えるためにたくさんの時間を費やす必要はありません。こういうタイプの人はこういうことで不安に思いがちなので、こういう対応をすれば大丈夫という、それぞれのタイプに合わせた、勘所を押さえるのです。

率直に話す力を高める

私は、これからの時代を生きていくために一番必要な力は、コミュニケーション能力だと思っています。

もはや学歴だけで生き延びていけるような時代ではありません。いくら計算能力が高くても、計算は計算機のほうがはるかに速いし、人間ができることのほとんどは、人工知能とロボットが取って代わる時代がきます。

今後さらに、本当の意味で稼ぐ力、生きる力につながる能力として、コミュニケーション力の重要性は高まるでしょう。

自分の意見を無理に押し通すのではなく、相手の意見も尊重しながら、率直に自分の意見を話す姿勢を「アサーティブ」と言いますが、日本人はこれが実はとても苦手です。

言葉を使って上手に相手を納得させる、自分の正当性を主張する、そして、相手に言葉で攻撃されたときに、うまく流したり、喧嘩にならないように爽やかに言い返す力を身につけられれば、いじめにも上手に対応できるようになるでしょう。

また、多様な価値観を持ったさまざまな国籍の人たちと仕事をする場合にもこの力が非常に役に立ちます。

ミラーニューロンで、芸人のコミュニケーション力を身につける

アサーティブなコミュニケーション力を身につけるために参考になるのは、テレビ番組などにおける芸人さんたちの言葉のあやつり方のたくみさです。

第一線で活躍している芸人さんは上手に人を惹きつけながら話をしたり、厳しい突っ込みに対してもうまく笑いに変えながら切り返しています。

真面目な人ほどこうしたところに目を向けていないかもしれませんが、ぜひ芸人さんたちのコミュニケーションを真似してみてください。なぜならその能力を身につけるには真似をすることが一番速いからです。学習の早道は、良い例を数多くインプットし、自分も

それを使えるように真似て使ってみることです。

人間の脳内には、〝ミラーニューロン〟という神経細胞があると考えられています。これは他の人の行動を見るだけで、自分がその人と同じ行動をしているかのように脳を反応させる神経細胞です。

例えば、誰かが泣いているとついもらい泣きをしてしまうことがあります。

このもらい泣きという現象は、泣いている人の行為を見たとき、ミラーニューロンを介して自分もその人の脳の活動パターンをコピーしてしまい、同じように泣きたくなってしまうことから起こるとされています。

誰かの真似をするときにも、ミラーニューロンが使われます。このミラーニューロンのおかげで、あたかも、その人の脳の回路もコピーするようなことが可能になります。つまり芸人さんの真似をすることで、その人のコミュニケーション力を少しずつコピーしていくことができるのです。人間はそもそも模倣する能力が高い動物なのです。

無理に人気芸人と呼ばれる人の真似をする必要はありません。芸人さんの中にもさまざまなタイプがいます。自分のタイプに近い芸人さんを探して観察したり、真似をしてみるのもよいのではないでしょうか。

第二節　子どものいじめの回避策

6月と11月の学級危機を回避する

セロトニンの項でも触れましたが、6月と11月は学級が荒れやすい時期と言われています。脳科学的には、5〜6月と10〜11月は日照時間の変化が大きいため、セロトニンの合成量のバランスが崩れ、気持ちが不安定になりがちです。さらに運動会や学芸会などの行事に加え、特別活動も多くなる時期なので、それらの行事が終わった後、なかなか日常生活に戻れず、問題行動が増え、クラスが荒れてしまうということも多いようです。

運動会や学芸会などのイベント時は、普段勉強が得意ではない子でも、活躍できる場がたくさんあります。いつもはなかなか自分の存在を認めてもらえないと感じている子が大きな「社会的報酬」を得られる場です。

しかし、日常生活に戻り、突然その社会的報酬が得られなくなると、ある種の禁断症状のようになるときがあります。まるで麻薬が切れてしまったような状態になり、そんな自分を何とかしたくて、暴れてしまったり、誰かを攻撃してしまったりすることもあるでしょう。

その場合の効果的な指導法として、２つのアプローチが考えられます。

一つは高学年向けですが、「イベントはあくまで通過点である」ということをリアルに伝えてしまう方法です。

イベントの楽しさを味わうことも、イベント後のむなしさを感じることも貴重な経験です。考えてみれば、人生はこの先もずっとそうやって続いていくものです。イベントやプロジェクトが終わったらそこで燃え尽きてしまうのではなく、その先も人生は続いていく、どんなことも通過点なのだということを学ぶ機会を与えることは、子どもにとっても大切なことでしょう。子どもたちもきちんとそのことを理解できれば、一時的に気持ちが燃え尽きても、「この状態のままでは良くない」という気づきが得られれば、「来年も頑張ろう」

「そのためにもっと〜をしよう」と、前向きに考えることができるようになるのではないでしょうか？

もう一つの方法は、別の楽しみや社会的報酬を与えることです。例えば、クラスの係活動などで、新しい「出番」や「役割」を与え、その子なりの活動を認めてあげましょう。そうすることで別の目標や新たな社会的報酬を与えることができます。

ただし、「別の楽しみ」や「社会的報酬」は人それぞれ違います。個別にサポートするのは、先生方の負担が増える可能性もあります。すべてを先生がサポートするのではなく、その子の適性に合わせて、地区の大会に参加することをすすめてみたり、地元クラブや、その分野を得意とする他の先生を紹介したりするのもよいでしょう。

逆にクラスの中には、行事で盛り上がれなかったがために、やる気を失っている子もいるでしょう。そういった子に対しては、「みんなのお祭りモードにも流されず、冷静に見る力があるんだね」「○○ちゃんが応援するとみんなの働きが違うね」など、その子ならではの才能に目を向けさせるような声がけをしてみましょう。

自分は活躍できた、何かの役に立てたという「自己肯定感」を持たせ、その良いエネルギーを次の活動に生かすことができれば、子どもたちをさらに伸ばすことができるでしょう。

真面目な組織はいじめが起こりやすい

学校でいじめの多い部活は、何だと思いますか？

教育評論家の尾木直樹さんが、「いじめが多い部活がある」というお話をされていたので、私も驚いたのですが、それは吹奏楽部だということでした。

確かに吹奏楽部は、同じ空間に一緒にいる時間も長く、目標は全員で音を合わせること。つまり、みんなの和を乱す人＝悪となりがちです。

さらに中学校では、「合唱コンクール」の練習をきっかけに、学級崩壊やいじめが起こるケースも多いそうです。

前述の澤田匡人先生の調査による、「規範意識が高い集団ほどいじめも起こりやすい」というデータに基づいて考えても、「合奏」「合唱」は確かにいじめが起こりやすい構造があります。

なぜなら、音を合わせられない人や、同じペースで意欲を持ち続けられない人は、邪魔な存在となってしまうからです。

勝ち負けにこだわればこだわるほど、全員が同じ気持ちで、同じレベルを要求されます。そして、顧問や担任の先生も、勝利のためにみんなと同じようにできない子をどうしても〝悪〟として扱ってしまいがちになるため、いじめの芽がふくらんでしまいます。

仲が良すぎること、さらに類似性も獲得可能性も高い人間関係において、長時間同じ場所で行動を共にすることで、いじめも起こりやすくなるというジレンマがあることはすでに述べました。これは、オキシトシンの性質から起こることですが、この構造があることさえわかっていれば、これが解決の一つのヒントになり得ることがあります。

人間関係を薄めていじめを回避

仲間意識が強すぎるから、関係が濃すぎるからこそ起こってしまういじめは、人間関係を薄めて風通しをよくすることが有効です。

つまり、人間関係を固定化せず流動性を高めて、同じ人との距離が近くなりすぎるのを避けます。

また、個人と個人の関係はあってもよいけれど、集団という存在を強く意識する状態を減らすことで、〝その集団に帰属している仲間意識〟による排除行為も減少することが期待できます。

さらに、集団内の人間関係の濃度を薄めることで、複数の集団の間に起こる排他感情も緩和されることが見込めるのです。

例えば、チーム替えの頻度を増やしたり、学校外の人や他のグループと競争するのではなく、距離感を生かした友好的な交流を増やしたりすることが考えられます。

学級制度についても、頻繁にクラス替えを行うことは難しくても、教科で習熟度別にクラス分けを行う、毎日席替えをするなど、意図的に空間的な距離を与えたり、集団の人間関係に変化を与えるような取り組みをするのもよいでしょう。

それでは学級の存在意義がなくなるという指摘も当然あるでしょう。

しかし、教室という狭い空間に、類似性の高い集団、年齢も通学する目的も同じ子どもたちが長時間押し込まれていることで、妬みの感情や、排除行為が起きやすい環境が作られているのなら、学校を存続させることの意義よりもずっと重いリスクがそこにあるということになるのではないでしょうか。

学級という物理的な枠組みや、心理的な囲い込みがあることで、その排除行為から逃げることが困難になっているということを考慮すれば、「学級」という枠組みのあり方や、仲間意識のリスクについてももっと議論が必要になるかと思います。

一年間という時間は、大人にとっては、あっという間の時間かもしれません。しかし、子どもたちにとっては、とりわけいじめに遭っている子どもにとっては、「永遠」と感じるような長い時間なのです。

学校教育のあり方を見直す

私の理解なので極端かもしれませんが、そもそも義務教育の淵源としてあるのは、歴史的に学校は国民皆兵制のために、将来優秀な兵隊となる子どもを育てることを目的とした基礎教育だったのではないでしょうか。義務教育に求められたのは、兵隊の卵を育てることですから、均質な体力や学力を有し、統率の下で団結心が強い子どもを教育するということです。

この優秀な兵隊を育てるためのプレリミナリー教育機関という側面から言うと、子ども個々の能力を伸ばすということは、本来の目的とは合致しません。

指揮系統を乱さず、命令を理解できるだけの素養をつける。上のものに逆らわない優秀な兵士を育成するということが目的なら、個性を伸ばすということは望むべくもないことです。

こうした教育方針において理想とされる姿は、個を殺して、上に同調し、仲間に同調する人を量産するということです。こうした教育は、実際に行われる戦闘行為や、工場労働など、労働集約的な事業に向いていています。

義務教育の成功は、戦前には強い軍隊となって結実し、戦後においては、軍隊的な働きぶりで高度経済成長時代を牽引する原動力となりました。

現在では、「一人ひとりの個性を伸ばす」ことをスローガンに掲げる学校が増えていますが、その実、みんなで足並みを揃えて行動することが優先されます。

協調、連携、協力、団結……。

意味は少しずつ違いますが、いずれも、人と同調することを本質としていて、そこでは〝個〟は後ろに控えざるを得ません。

こうした同調することを良しとする文化で育った子どもたちが、できるだけ目立たないように立ち位置を考え、空気を読み、もし誰か頭ひとつ出ようものなら、寄ってたかって足を引っ張り合うのも無理はありません。

こうして考えると、いじめの傍観者となる子どもたちも、同調圧力により、「自分がわざわざ止めなくても」「あの子はいじめられて当然」という、自身を納得させるエクスキューズを見つけ出すことに長けてきます。

そして、この同調圧力が、いじめの解決を難しくさせています。

これと真逆な例として思い出すのはイタリアです。イタリア人はみんな言うことが違います。学校でも会社でも、どちらかというとみんなと違う意見を言わないと評価されない。みんなと同じ意見を言うと、こいつはアホかと思われるのだそうです。

このこととの因果関係はわかりませんが、第二次大戦中のイタリア軍はとても弱かったと聞きます。ひょっとしたら、命令が出ても、「いや、その作戦はダメだ」などと反対意見が多出したのかもしれませんし、時にはこっそりと自分が生き延びることを優先して、指揮系統を無視する兵士もいたかもしれません。いずれにせよ、それではとても一丸となって戦うどころではないでしょう。

では、こんな国からはどういう人が出てくるのかというと、デザイナー、クリエーター、芸術家など、さまざまな分野から個性的な、突出した天才が出ています。

これからの時代、どういった人間が求められるのかを考えたとき、それは、ＡＩやロボットにない、不確実な人間だけが持つ独特な個性を備えた人なのではないでしょうか。

時代のニーズに合わせて個性優先の教育を行うことは、いじめの防止にもつながります。

これまで述べてきたように、常に均質性が高く、仲間意識が強いから起こるのがいじめという現象であることを考えると、個性優先の教育を行うことで、みんなが違っている、均一性の低い集団が作られ、その中ではそれぞれ目指していることが違うので、誰がフリーライダーなのかわかりづらく、制裁行動の標的にされにくくなります。

そもそも、それぞれが違うから、誰かが犠牲を払うということが意味をなしません。それぞれが違う意見を持っているから同調圧力もないのです。

一人だけ違うといじめは起こるけれど、みんな全員が違うから、いじめの起こりようがないという状況が現出します。

理想論から言えば、クラスの中に、もっと目立つ子がたくさんいてもよいし、もっとさまざまなことにアンチテーゼを提示する子どもがいてもよいし、さらに先生方も、もっと自由であっても許されるという状況があるとよいと思うのです。

瞬間的に協力し合うための、仲間意識を持つことはあり得たとしても、均質性を下げる工夫はいじめを減らしていくためには一つの有効な手段です。

「ももクロ」から学ぶこと

個人の裁量権が小さいところでは、集団の力というのが相対的に大きくなります。この場合、向社会性が非常に大きく発動してしまうということがあると考えられます。

そういう意味では、個の裁量を大きくすることも解決方法の一つです。

例えば、一人ひとりが自分で考えて、一人で動いている。チームプレイだけれど、個の裁量が大きいという集団です。

参考になると思うのは、「ももいろクローバーZ」という日本のアイドルグループです。『小一教育技術』（2017年4月号・小学館）という教育雑誌のインタビュー記事を読んで知ったのですが、「ももクロ」は、メンバー5人がそれぞれカラー（個性）を持ち、グループの中での役割も分かれています。また彼女たちのライブでは、グループのメインとなる人が5人の中でどんどん入れ替わり、すべてのメンバーが活躍できる場があります。

それぞれの個性はぶつかることなく、すべての人が主役になり、成長できる場面が用意されている。それゆえ、お互いの個性や、やり方、考え方を尊重するチームができあがっている。

そういう関係においては、いじめは起こりにくくなると考えられます。

団結の意義を見直す

「団結」という言葉のイメージが良すぎるあまりに、なかなか受け入れられないことかもしれませんが、「団結」を要求しすぎることにも、一定の歯止めが必要だと思います。

これは学校そのものの存在意義にも触れてきてしまうので、さまざまな議論があり得るかと思いますが、「団結は良いことだ」と言う人も、その意義とデメリットについて、一歩立ち止まって考えてみる必要があるのではないかと思います。

悩ましいのは、多くの人が、団結がいじめを生むし、愛情が強いほど攻撃的になるし、仲間を大切にすることと戦争が実はリンクしているということを認められないことです。

いじめは悪い子だけがやるものだ。だから悪い子を正せばなくなるのだと思いがちですが、人間はそもそも理想的な存在ではないということを、まず前提として受け入れなければなりません。

現在は、子どもたちは教室という逃げ場のない枠組みに押し込められ、「みんなで仲良く」

「みんなで力を合わせて」と要求されます。

これは、個性的な子どもにとっては息苦しいし、より逸脱者をあぶり出すための圧力が強くなっていきます。そして、「みんなと仲良くすることが正しく」、「友達が多い子が良い子」とされることで、子どもたちにとっては「ぼっち」になることは、辛く、苦しいものだという意識が植え付けられてしまうのです。

「友達がいないからといって悪いことではない」「みんなと違う考えが悪いことではない」という別の価値観を教えることがあってもよいのではないでしょうか。

そして子どもたちにも、集団を作れば、考え方や行動が違う人に対して、どうしても許しがたいという気持ちが生じてしまうものなのだということを意識してもらったほうがよいと思うのです。

「いじめてはいけないよ」と教えるだけではなく、「人間というのは、本当はズルをしていない人に対しても、『ズルをしているかもしれないから懲らしめてやろう』という気持ちが生じるものなのだ。そしてそれはとても危険なことなのだ」ということを教えることは必要だろうと思うのです。

もしそうした人間の特性を知っていれば、「あの子を懲らしめてやりたい」と心が揺らいだときに、「ああ、この感情がサンクションなのだ。これは強くなると危険なことになる感情なのだ」と気づかせ、より自分の感情を客観視する力を育てることができるのではないでしょうか。

ザ・サードウェーブ実験

子どもたちに、集団の中で起こる気持ちの変化に気づかせることを試みた実験があります。実験を行ったのは、アメリカのカリフォルニア州の高校教師ロン・ジョーンズという先生です。

実験は、現代を生きるアメリカ人の若者に対して、ナチス・ドイツが台頭していった社会状況を体感してもらい、さらに、ナチス・ドイツがユダヤ人に行ったような残虐行為の原因となった排他的感情を、若者たちに経験してもらうために行われました。

そもそものきっかけは、歴史の授業中に投げかけられた生徒からの質問でした。それは、「僕たちアメリカ人だったら、ナチスのような非民主主義的なものの台頭は許さない。どうしてドイツ人たちはそれを許したのか」という質問でした。要するに、民主主義が発達しているアメリカでは、ナチス・ドイツのようなことは起こらないはずだという主張です。

その質問に、ジョーンズ先生はうまく答えることができませんでした。もともとナチス・ドイツも選挙で選ばれた政党でした。最初は民主政党の仮面を被り、いつの間にかファシスト政党となりました。ジョーンズ先生は、生徒たちに、どうすればその流れを教えてあげられるのだろうと悩みます。

そして次の日に、どうやってナチス・ドイツが作られたかを、実験で生徒たちに示してみようと考えました。

実験は次のようなものでした。

授業の中で、ジョーンズ先生をリーダーとした架空の社会運動を行うことにします。運動名は〝ザ・サードウェーブ〟で、学生たちに伝えられたのは、「集団の持つ力を実感してもらう」という目的でした。そして、運動を行うにあたって細かなルールを決めていきます。

ルールは、ジョーンズ先生をリーダーとすること、リーダーは運動の象徴となり、運動員＝生徒は、リーダーの話を聞くときは直立不動で敬語を使うなどでした。

まず一日を、そのルールに従って生活してみると、子どもたちの気持ちは盛り上がり、次の日もう一度やりたいと言い出しました。先生は迷いましたが、結局同じような状態が続きました。

3日目になると、子どもたちは別のクラスの生徒を勧誘するようになりました。生徒は自らロゴマークを作り、廊下や学校の外で他の生徒に敬礼するといった挨拶の方法も決めていきます。

すると、生徒たちの成績が向上しました。これに生徒たちは気をよくして、自分たちのしていることは良いことだと思い込み、自発的にその運動を広めていきました。

ジョーンズ先生も不安に思うのですが止められません。

この運動が学校中に広がるのに1週間もかからなかったそうです。そして、その勧誘の過程では暴力が振るわれたり。挨拶などのルールを守らない生徒を密告するまでにエスカレートしていきました。

あっという間に学校中がそのウェーブ色に染まりました。驚くことに、この運動は学校外にも広がりました。

他の学校に広がって対立となり暴行事件が起こるようになって、ジョーンズ先生は、これではいけないと思い、何とか強制的に止めなければということで一計を案じます。

生徒たちを集めて質問をしました。「君たちのリーダーは誰だ？」と。生徒たちは、当然「ジョーンズ先生です」と答えます。

そこで先生は、「君たちは僕がリーダーだと思って、この運動を進めたけれども、本当のリーダーはこの人です」と言って、ヒトラーの顔を映したそうです。

生徒たちはようやく、今まで自分たちがやってきたことは、ナチスがやってきたことと同じだったと知って愕然としたそうです。

いじめの悪意は見えにくく、止めにくい

ザ・サードウェーブ実験からわかることは、子どもたちが邪悪な集団に変わることはそれほど難しいことではないということです。

子どもを信じないということではなく、子どもは無邪気で天使のような心を持っていると考えるのは、大人たちの懐古趣味的な幻想に基づいた誤謬であるということです。子どもはごくシンプルに「成熟していないヒト」である、という現実を認識する必要があります。

子どもの脳は発達段階で、抑制が利きません。限度を知らないので、いくらいじめるなと言っても行動を止めることはほとんど不可能でしょう。

結局は、大人が見えないところで隠れてやってしまうだけです。そして、いじめをやめられない理由は、子どもたちにとっていじめは楽しいことであり、いじめている側に力と正義を感じさせてくれるものだからなのです。

だからこそ、これを根絶することが難しいのです。

「はじめに」の章でイソップ童話を引用して述べたとおり、子どものいじめの特徴として、加害者は自分たちの行為をそれほど深刻に捉えていないということが挙げられます。「きもい」「うざい」といった暴言も、何を理由にそのような言葉を使っているのか、本人たちもわからないまま「何となく」使っているのです。

そして、いじめが集団で行われるときのおぞましさは、いじめている側に正当性があると思っていることにあります。いじめる側の規範意識は高くなっており、自分たちは意地

悪をしているわけではなく、みんなに迷惑をかけている人に制裁を与えているのだという意識を持っているのです

いじめを止めようという人が現れても、「この行為をやることによって、みんながいいと感じられる状態になるのに、なぜ、おまえだけやらないのだ。この行為を止めようとするおまえがいることによって、団結が乱されるのだ」と、かえって標的にされてしまいます。

これは、先に紹介したサードウェーブ実験のさなか、意図的に始めたジョーンズ先生ですら、その運動をなかなか止めることができなかったことや、知識的には排除行為は悪いとわかっている子どもでさえ、自分たちが一度集団に入ると、自分たちの行為を止められなくなってしまうことからもわかります。

サードウェーブ実験では、運動を広げるために暴行が行われました。そのことを考えると、運動そのものが快感であって、従わない人に対しては、どうにか勧誘するか、または

攻撃して排除するかと、二択になっていたそうです。

自分たちに従わない人は、放置するという選択肢はないのです。

集団によるいじめは、一度攻撃が始まれば、誰もがその行為に正義を感じ、快感の中毒になっていきます。その過程の中で、いじめられている側、暴行を受けている側としては、自分たちの力だけでそれを回避することは容易ではありません。

これは、降っている雨を止めることと同じくらい難しいことです。

最も有効な方法は「攻撃の手が伸びないところまで逃げ切る」「親に報告する」という方法なのでしょうが、真面目な子どもほど、逃げてはいけないと思ってしまったり、保護者に心配をかけたくないと思ってしまったりして、事態は潜在化してしまいます。

空間的に距離をおく権利を与える

攻撃したい人の衝動を「どうにか抑制できる」とは、思わないほうがよいでしょう。

あたかもそれは、甘いものが大好きな人の前にスイーツを置いておいて、食べてはいけないと言っているようなものです。

もはや本能的な行動といってもよいものなのです。蟻の巣の横に砂糖壺を置いておいて、蟻に砂糖を食うな、というようなものかもしれません。

回避策は、目の前に食べ物を置かないこと以外にありません。

いじめの被害が想定されるような状況を発見した場合には、空間的に距離をおいてしまう、離れてしまう以外ないのです。


例えば、いじめの被害を受けた子どもには、学校以外の場所で学習する権利を与え、eラーニングなどを活用するという支援の方法がもっとあってもよいと思います。

最近では大学もeラーニングを活用する動きが増えていますし、将来的には必要に応じてインタラクティブ性を確保した、どこからでも、いつでも学習できる学習システムが主流になるという意見もあります。

もちろん、現在もフリースクールなどがありますが、もっと気軽に学校以外の場所で学習できる環境を用意することができればよいと思います。

ここ近年はベテラン教師の大量退職が学校現場で問題になっていますが、個人的にはそうした退職された先生方のリソースを活用することも検討してよいのではないかと思います。

子どもの知能の発達には、いろいろな大人との関わりがあったほうがよいというデータもあり、子どもたちにとって、学校の先生以外の大人に出会えるチャンスが増えることは、コミュニケーション力を高めることにつながります。

そもそも学校で行わなければならない学習は何だろうか、と見つめ直すいい時期なのかもしれません。

自宅学習だけでは、子ども同士のコミュニケーションを学べないという指摘があるかもしれませんが、コミュニケーションを学ぶ方法がいじめだとしたら、あまりにも過酷すぎます。時には死を覚悟してまで学ばなければならないコミュニケーションとは何なのでしょうか。

きっと、他の方法でも十分に学べる場があるはずです。

学校を休むといじめは酷くなるのか

いじめられた子どもが学校を休んだり、他の場所に一時避難した後、また同じ学級に戻ってきたとき、加害者の子どもたちはどのような反応をとるのかも気になるところです。

これは、十分に時間的、空間的距離をとった後であれば、オキシトシンというキーワードから考察すると、「よそ者」という扱いになるので、「排除しなければ」という感情はすぐには湧かないだろうと考えられます。

もちろん、その人の振る舞いがあまりにも気に入らないということがあれば、また同じことが起こる可能性はあるでしょう。

しかし少なくとも、適度に、定期的に距離をとるということは回避策の効果として大きいと思います。例えば週に3回学校に来て、週に2回はeラーニングで学ぶといったような、多様かつ柔軟な避難措置が求められます。

結婚後仲が悪くなる夫婦というのは、育った環境が違う他人同士だから価値観がずれていて仲が悪くなるのではなく、仲間になったはずなのに、自分の思った通りにしないのがムカつく、という感情から仲が悪くなることが多いようです。

オキシトシンが低く、お互いの関係が冷めてしまって破綻する夫婦も当然いますが、オキシトシンが高すぎて、お互いに排除する立場になってしまって破綻、ということも珍しくありません。ですから、ご主人が単身赴任するなど、一緒にいる時間があまり長くないというご夫婦だと、いつまでも仲が良かったりします。これはオキシトシンが高くなりすぎないことでうまくいっているのでしょう。「60％のカップル」を目指すのが、良好な関係を長続きさせるコツなのかもしれません。

これと同じ状況が学校のクラスでも考えられます。

「仲間のくせに、あいつは空気が読めないから気に入らない」と思っていたのが、距離が遠くなることで仲間という意識も薄くなります。そして時々ひょっと現れると、言い方は悪いのですが、他人として扱われるわけで、その状態では、おまえも空気を読め、といった圧力はかかりにくくなるのです。

しかし、「他人」として扱われることに「寂しい」「耐えられない」と感じる子も当然いるでしょう。その場合には、一時避難することにより心理的な負荷が高くなるため、いっそ転校するという方法のほうがよいかもしれません。

いずれにせよ、休学する、転校するなど、いじめの加害者から空間的・時間的距離をおくことは、子どもの性格や状態に合わせる必要がありますが、回避策としては十分に、そして早急に検討すべき方法であると思います。

第三節　教育現場における環境的回避策

第三者の目で死角をなくす

文部科学省が発表したいじめの認知件数の報告を見て思うことは、現在の学校に、いじめを抑制するための手立てや効果的なシステムがないということです。

そもそもいじめは、教室という、社会の目が届きにくい子どもたちだけの〝密室〟で行われます。文科省ができることは限られています。

本気でいじめをなくそうというのであれば、文科省や教育委員会、学校だけで解決できると考えるべきではありません。ましてや、多種多様ないじめに、先生方だけで対処するのには負担が大きすぎます。

今日のいじめは触法行為でもあります。ここに至っては、いじめは学校とは別の組織で扱うことや、法的措置や警察などの導入の検討も議論される時期かもしれません。

ところが日本では、学校に警察権が入ることに根強い抵抗があります。

アメリカでは多くの州で、被害者が「いじめられた」と感じた時点でいじめと認知して、直ちに報告することが州法によって義務付けられています。

また、メールやSNSを利用したネットいじめを発見したら、一日以内に管理職に報告することを義務付けたり、いじめを触法行為、犯罪として扱い、小学生であっても犯罪歴となる州もあります。

スウェーデンでは、いじめ反対協会という民間組織が、いじめ問題の解決に援助を行い、被害者をサポートする活動を全国的に行っています。

暴力を伴ういじめに対する抑止力

日本の現場でも「警察に報告します」「あなたのしていることは、刑法によって罰せられる行為だ」ということをはっきり言う。そして、時と場合によっては、本当に警察に相談をするということができれば、大きな抑止力になります。

現在の日本では、やっていないと言えば加害者は逃げ切ることができてしまうのです。

大人に見られなければやったもの勝ち、という構造ができているために、抑止力となるものは何もなく、いじめはエスカレートする一方です。

最近では、いじめを訴えても学校が対応してくれないため、保護者が証拠集めのために自ら探偵を雇うケースが急増しているそうです。

さらにいじめを認めようとしない加害生徒や、その保護者に対応するため、学校が探偵に依頼するケースもあるそうです。

けれども、探偵は学校内に入ることはできません。重要なのは、子どもたちだけの〝密室〟で行われるいじめをどのようにして察知するかです。

警察OBの人や、セキュリティ会社の人を巡回させるという方法も、第三者の目を入れる点では有効かと思います。

カウンセラーを入れるという方法をとられている学校は多いと思います。カウンセラーは、被害者の心に寄り添うという点では大きな意味がありますが、暴力行為に対する抑止力にはならないでしょう。小学校高学年や中学生の、体格の大きい男子生徒に、女性カウンセラーが勝てるとは思いません。

学校内を巡回させるのであれば、可能であれば、体力的に、身体的に強そうな人のほうがよいでしょう。例えば、スポーツ経験者で、ちょっと腕に覚えのある人が、名目としてはいじめをなくすためではなく、親睦を図るためにボランティアで学校に来てもらうのもよいかもしれません。

子どもは怖そうな人には敏感だからです。

まず、学校に第三者の目を導入することで、「いじめをすることはあまり得にならない、逆に損な行動なのだ」というシステムを作らなければなりません。

このような意見は、力によるいじめの抑止のようで、〝教育の場にそぐわない〟と思われるかもしれませんが、現実はすでにそこまできているということです。子どもたちの脳は、前述したようにまだまだ未発達なのです。

言葉による道徳教育だけでは、喫緊のいじめ防止には間に合いません。まず、いじめをさせない状況を実現することが必要だと思います。

外部の協力を仰ぐことは、昨今、ＰＴＡ会長による児童わいせつ事件などもあり、懸念を覚える方もいると思いますが、実際に地域の方が学校に入り、大人の目で子どもたちの行動を見守り、監視をすることで、学校内のいじめや問題行動が減った事例もあります。

いずれにせよ、極めて公平に選ばれた学校関係者以外の第三者という立場の人であるということが重要です。これは、学校の隠蔽体制への疑念を払拭するだけでなく、加害者グループやその保護者からの学校に対する圧力を抑止するためにも有効なのです。さらにいじめ対策に専門的知識のある第三者組織を養成することで、対応は迅速に適切に行うことができると思います。

ノンバーバルコミュニケーションによるいじめ

最近のいじめは、多様化・複雑化しています。

特に言葉によるいじめは、その認定が難しくなっています。インターネットやSNSを使った言葉のいじめであれば、その中に誹謗中傷する言葉があれば、証拠として残るため、発見しやすく、告発の際には証拠となります。

しかし、最近では、ノンバーバルコミュニケーションの領域を使ったいじめというのも多く発生しています。

ノンバーバルコミュニケーションとは、直訳すると非言語コミュニケーション。言葉以外の手段によるコミュニケーションのことです。顔の表情や、動作、声の大小や抑揚で言葉を使わずに、情報発信者の意図を伝える手法です。

例えば、アイコンタクトとか、身振り手振りや、特に強調したいときには、声を大きくしたり、秘密にしたいときは、声を小さくする……。

いじめに関して言えば、〝無視〟や〝クスクス笑い〟〝聞こえよがしに悪口を言う〟などが典型的で、こうした非言語によるいじめは、警察や法律では立証しづらく、取り締まることは難しいのが現状です。

こうしたいじめを防ぐには、人間関係の流動性を高め、誰もが自由にさまざまな人と交流できる環境を作ることです。

大学でいじめが深刻化しないのは、たとえ悪口を言う人や、無視をする人がいても、人間関係の流動性が高いため他の人と付き合えばよいからです。

そうした自由な交友関係が担保されているため、無視をしたり、言葉で相手を痛めつける効力は無力化するのです。

大津市の取り組みの例

２０１１年に大津市で起こった中学二年生の男子のいじめ自殺事件の後、大津市長は、学校と教育委員会の調査が不十分であったことを認め、遺族推薦の委員を含む第三者調査委員会を市長直轄として立ち上げるなどして、徹底した原因調査に取り組みました。

さらに、学校、教育委員会とは独立する形で、市長直轄の部署として「いじめ対策推進室」を新設。さらに、常設の第三者機関として、弁護士や臨床心理士などを常駐させた「大津の子どもをいじめから守る委員会」を設置します。

いじめを受けた児童や保護者は、学校や教育委員会を通さず、直接この委員会にいじめの相談をすることができます。

「守る委員会」には、市長の附属機関として、直接相談のあったいじめ事案に関わる調査などの実施に加えて、市長に対して再発防止及びいじめ問題の解決を図るための方策の提言等を行う権限が与えられています。

また、教育委員会もいじめの早期発見を目的に、一校を除く市立小中学校53校すべてに「いじめ対策担当教員」として、生徒指導に力を持ついじめ対応の専任教師を配置しました。

このように、学校や担任だけに任せるのではなく、さまざまな大人が連携し、子どもの些細な変化に気づく鋭い観察力を高め、「いじめ」という権利を放棄せざるを得ないような、徹底したシステムを構築することが必要でしょう。

監視カメラによる抑止力の効果

防犯カメラを教室に設置することも、いじめの抑止力として有効な方策だと思います。イギリスの中学校では、9割の学校に防犯カメラが設置されており、設置場所は、いじめが起こりやすい「教室」「トイレ」「更衣室」などとなっているそうです。

しかし、日本の学校では、防犯カメラを設置しているのは正面玄関、昇降口のみという学校が多いのはなぜでしょうか？

日本の学校は外部から入ってくる人は監視して、不審者に対する対策はとるものの、内部は〝密室〟で何が起こっているかわからず、これだけ問題になっているいじめについても、なんら実効性のある手立てをとっていないということになります。

教室にカメラを設置することは、何か先生方や学校にとっての不利益につながるのでしょうか？

むしろ、学校や先生の不祥事が映ってしまうというのであれば、学校経営においては、それこそ、いじめと同様にそれも抑止するという意味でもメリットがないとは思えません。「監視社会云々」という議論もあるかと思いますが、すでに閉ざされた世界で苦しんでいる子どもたちのことを考えれば、監視カメラの導入についても、もう少し前向きに検討してもよいのではないでしょうか。経費的にも、損害賠償を求められるのに比べれば安価だと思います。

まず、教室という〝密室〟があり、社会の目が届かないところで、図らずも、いじめが起こりやすい現場が構築されてしまっています。

その密室性を開放することも、流動性を高めることの一つです。

匿名化によるルシファー・エフェクト

人は誰にも見られていないとか、自分が特定されないという条件がある場合、倫理的に正しくないことをする確率が高くなります。これが〝匿名化によるルシファー・エフェクト〟です。

これは、普通の、善良な人たちが一瞬で悪魔＝ルシファーのようになってしまった実験を主催した心理学者のフィリップ・ジンバルドーにより呼び表されたものです。

天使から悪魔となったルシファーの名を冠しているとおり、〝ルシファー・エフェクト〟とは、どのような人でも〝悪魔〟になる可能性があるということをその命名の意味の中に含んでいます。

触法行為などに至らない、「ちょっと人前ではできない」「人に知られるとまずい」という行為もそれに当たります。〝不倫〟なども、当事者以外には〝知られるとまずい〟匿名化のエフェクトと言えるかもしれません。

これを防ぐには、第三者を介入させたり、そして防犯カメラを導入するなどして、〝人の目〟があることを意識させることです。

最近、女性議員が、車内で秘書に暴言・暴力を振るったことが問題になりましたが、彼女も、もし自分の言動が録音されていると知っていたら、あそこまでひどく、あのようなことはしなかったはずです。

誰も見ていないと、人間はそもそも悪いことをしてしまう存在であり、さらにはそれが過激化することを前提として、手立てを考えなければ効果がありません。

繰り返しになりますが、匿名性を低くするという意味からも、防犯カメラの設置は、高いコストパフォーマンスを発揮すると言えます。

映像という証拠があれば、〝いじめ〟や〝教師への暴力〟に対する無用な言い訳もできなくなるはずで、それは大きな抑止力となります。

学校内でいじめが起こる場所は多くはありません。

いじめ研究の第一人者の森田洋司氏の研究によると、いじめが起きやすい場所は、「教室」

が最も多く、次いで、「廊下や階段」、次に「クラブ活動の場所」、「校庭」となっています。これだけ学校内でいじめが発生しやすい場所が限定されているのであれば、この場所にカメラを設置すれば解決する問題は多いだろうと考えられます。

費用対効果で考えてもメリットの大きい、カメラを設置しない理由は、学校として〝いじめの証拠〟を残したくないのでは？　いじめをなかったことにしたいのでは？　という疑念にもつながります。

今後は「わが校には防犯カメラがありますよ」ということを宣伝文句とする学校が出てきてもよいのではないでしょうか。

メタ認知力を高めて、自分をコントロールする

いじめの対応策を考える上では、いじめは常にある。人の集まるところでは、必ず起こりうるという意識を持つことが大切です。

本書で述べてきたように、脳科学的には、人の脳にはいじめをするための機能が組み込

まれている可能性は非常に高いのです。それは、人間の歴史として、人間がこれまで進化し、生き残ってくるために必要不可欠だったからです。

〝いじめ〟という行為は、種を保存するための本能に組み込まれている。

そう捉えれば、この本能をどうコントロールするのかという方向に、解決へのベクトルが向かっていきます。

異分子を排除するというのも集団が壊れるのを防ぐためですし、異端者を糺すというのも、集団が間違った道に進まないようにするということです。

それが、過ぎればいじめになり、人類の過去には、いじめの延長上に起きてしまった、凄惨な事件は数えきれません。

個人的には、いじめという、凄惨なことを起こしうる機序であっても、こうしたことが起こりうる人間の特性というものを、段階的ではありますが、学校でも学ぶことが必要だろうと思います。

現在は、学校に対して、きれいで正しくあることを求めすぎるために、かえって、そこにいろいろな歪みが生じているような気がするのです。学校は人間のあり方を、もっと立体的に学ぶという場であってよいのではないでしょうか。

脳科学的には、情動を司る前頭葉が成長しきるのは30歳前後と、機能の成長については年齢で示すことはできますが、だからと言って、それをもって立派な大人ですとは言えません。

前頭葉ができあがっていても、大人が倫理的、道徳的に完璧なわけでもなく、また、完璧でないことが悪いことではありません。

学校では、ものの善悪、知識を杓子定規に決めつけて教えるのではなく。善の中にある悪、悪の中にある善を教え、人間の多様なあり方を学習する場として学校が機能すれば、〝自分の正義〟によるいじめの意識を変えられるのではないでしょうか。

杓子定規ということで言えば、性教育に関してもすごく歪んだものを感じるときがあります。

性体験の開始の年齢は非常に下がっており、性病にかかる年齢も同様に下がり、数も増えてきている。こうした状況があれば、小・中学校の段階でも避妊の方法を教えてもよいと思うのです。

性行為も妊娠も肉体的に可能になっているのですから、自分で自分の体を守れるように、必要な知識は提供してあげたほうがよいはずです。しかしながら、性善説に基づく判断なのか、保護者への配慮なのか、教育上の判断なのか、本来ならば早急に提供すべき知識が提供できていないという現状があると思います。

原発避難差別や、性的マイノリティへの差別のように、不十分な知識、不確かな知識からいじめに発展することもあります。大人も子どもも、正しく適切な知識を身につけることで、いじめの防止につながるのではないでしょうか。

不寛容は理性や知性によって克服できるはずだと考える人もいるかもしれませんが、脳の仕組みからは、それは極めて困難です。

かつての連合赤軍が残酷なグループ内のリンチ事件で瓦解したように、逆に寛容さを求めるものが〝異分子〟として排除されるだけです。

必要なのは、むしろ、人間は不寛容になってしまうものなのだ、不寛容は克服できないものなのだと認めることなのではないでしょうか。

この自己を認めること、認識する力が〝メタ認知力〟です。

いじめは脳に組み込まれた機能と言いました。

脳の機能は、それを完全に止めることはできませんし、倫理的に許されません。

しかし、脳をだますことや、その機能をコントロールすることは可能です。

学校では、人間関係の流動性を高め、子どもたちがさまざまな人に接し刺激を受けることで、狭い人間関係で裏切り者を検出する必要がなくなり、体験的にヒトという種についての知識を蓄えられるでしょう。

そして、そこから自分自身を見返し、成長に合わせて自分をコントロールする「メタ認知力」をつけられるような環境作りも、いじめの防止・抑止には役立つのではないかと考えます。

●主要参考文献

・森田洋司『いじめとは何か－教室の問題、社会の問題』（中央公論新社）

・ローアン・ブリゼンディーン『最新科学が解明　男脳がつくるオトコの行動54の秘密』（ＰＨＰ研究所）

・関根眞一『日本苦情白書 基礎編・異領域比較編』（メデュケーション）

・Sherif, Muzafer. The Robbers Cave Experiment : Intergroup Conflict and Cooperation. [Org. pub. as Intergroup Conflict and Group Relations.]. Wesleyan University Press, 2010

・Chikara, Mina, etal. "Reduced self-referential neural response during intergroup competition predicts competitor harm" Neuro Image 96 (2014) : 36-43

・Elliott, Jane, A Collar In My Pocket : Blue Eyes / Brown Eyes Exercise. Lexington, KY : Create Space Independent Publishing Platform, 2016

・Jones, Ron "The third wave." Experiencing social psychology (1972) : 203-211

・Hitokoto, Hidefumi and Sawada, Masato "Envy and School Bullying in the Japanese Cultural Context." in Envy at Work and in Organizations. Oxford University Press, 2016

中野信子［なかの・のぶこ］

1975年、東京都生まれ。脳科学者、医学博士、認知科学者。東京大学工学部応用化学科卒業。東京大学大学院医学系研究科脳神経医学専攻博士課程修了。フランス国立研究所ニューロスピンに博士研究員として勤務後、帰国。脳や心理学をテーマに研究や執筆の活動を精力的に行う。科学の視点から人間社会で起こりうる現象及び人物を読み解く語り口に定評がある。現在、東日本国際大学教授。著書に「キレる！」「〝嫌いっ！〟の運用」（以上、小学館）、「人は、なぜ他人を許せないのか？」（アスコム）、「空気を読む脳」（講談社）など多数。また、テレビコメンテーターとしても活躍中。

ヒトは「いじめ」をやめられない

二〇一七年　十月三日　初版第一刷発行
二〇二〇年　十二月十二日　第十刷発行

著者　中野信子　1677216
発行人　杉本　隆
発行所　株式会社小学館
〒一〇一－八〇〇一　東京都千代田区一ツ橋二ノ三ノ一
電話　編集：〇三－三二三〇－五五四六
販売：〇三－五二八一－三五五五

印刷・製本　中央精版印刷株式会社

Printed in Japan ISBN978-4-09-825308-1